FACULTÉ DE DROIT DE PARIS

THÈSE

POUR

LE DOCTORAT

L'ACTE PUBLIC SUR LES MATIÈRES CI-APRÈS SERA SOUTENU,
Le mercredi 22 avril 1868, à 9 heures,
EN PRÉSENCE DE M. L'INSPECTEUR GÉNÉRAL Ch. GIRAUD,

PAR

Vitold-Alexandre-Ollivier-Boreiko de CHODZKO.

LES PRINCIPES GÉNÉRAUX
DE LA SCIENCE JURIDIQUE

APPLIQUÉ A LA QUESTION DE L'INTÉRÊT ET DE L'USURE
(Droit rationnel. — Législations romaine, canonique, française)

PRÉSIDENT : **M. CHAMBELLAN,**

SUFFRAGANTS
{ MM. PELLAT,
ORTOLAN,
RATAUD, } professeurs.

LÉVEILLÉ, agrégé.

Le candidat répondra en outre aux questions qui lui seront faites sur les
autres matières de l'enseignement.

PARIS
IMPRIMERIE DE E. DONNAUD
RUE CASSETTE, 1.

1868

THÈSE

POUR

LE DOCTORAT

L'ACTE PUBLIC SUR LES MATIÈRES CI-APRÈS SERA SOUTENU,

Le mercredi 22 avril 1868, à 9 heures,

EN PRÉSENCE DE M. L'INSPECTEUR GÉNÉRAL Ch. GIRAUD,

PAR

Vitold-Alexandre-Ollivier-Boreiko de CHODZKO.

LES PRINCIPES GÉNÉRAUX
DE LA SCIENCE JURIDIQUE

APPLIQUÉ A LA QUESTION DE L'INTÉRÊT ET DE L'USURE

(Droit rationnel. — Législations romaine, canonique, française)

PRÉSIDENT : **M. CHAMBELLAN,**

SUFFRAGANTS
MM. PELLAT,
ORTOLAN,
RATAUD, *professeurs.*

LÉVEILLÉ, *agrégé.*

Le candidat répondra en outre aux questions qui lui seront faites sur les autres matières de l'enseignement.

PARIS

IMPRIMERIE DE E. DONNAUD

RUE-CASSETTE, 1.

1868

TABLE DES MATIÈRES.

CHAPITRE PRÉLIMINAIRE.

La science juridique se présente sous un double aspect : il y a le droit rationnel et le droit positif.

Le droit rationnel, c'est celui qu'ont défini les philosophes. Interrogez Platon, Aristote, saint Augustin, saint Thomas d'Aquin, Malebranche, Fénelon, Leibnitz, Bossuet : ils sont tous unanimes, ils prouvent, par des arguments invincibles, que les principes du juste et de l'injuste, étant dans notre intelligence un reflet de la loi éternelle, participent à la nécessité et à l'immutabilité de la source d'où ils émanent, et constituent par leur combinaison et leur développement une science aussi rigoureuse que la géométrie.

Le droit positif, c'est celui que contiennent les textes de lois. On conçoit facilement qu'il ne se confond pas avec le précédent : il en diffère comme la pratique de la théorie, l'art de la science. C'est un ensemble de dispositions et de moyens, adoptés par le pouvoir public, pour assurer autant que possible le respect de la justice, dans un état social déterminé. De cette définition résulte que les règles législatives sont essentiellement variables, comme les mœurs, dont elles doivent suivre pas à pas le changement.

Ces deux parties du droit forment un tout inséparable, et ne doivent pas être présentées l'une sans l'autre. Isolé, le droit rationnel n'offrirait aucun intérêt pratique. Mais comment comprendre les législations, si on ne les rapprochait des principes qu'elles doivent consacrer et d'où elles tirent leur raison d'être? Elles deviendraient inintelligibles; on ne saurait plus les considérer que comme de simples phénomènes, manifestant la volonté arbitraire du pouvoir et pas autre chose. En les étudiant, on se fausserait le jugement, on oublierait bientôt qu'il existe un droit, et la doctrine du fait accompli ne tarderait pas à usurper dans les esprits la place de la justice absolue.

Aussi de tout temps les jurisconsultes ont-ils compris que les textes de lois puisaient leur autorité à une source plus élevée que la volonté humaine. Mais, pendant bien des siècles, ils se sont contentés de rendre en passant un froid et stérile hommage au droit rationnel. Ils n'écrivaient que pour les juges; et semblaient ne pas se douter qu'ils avaient aussi pour mission d'ouvrir la voie au législateur. Il y a deux cents ans, Pascal s'écriait : « On ne voit presque rien
» de juste ou d'injuste, qui ne change de qualité en
» changeant de climat. Trois degrés d'élévation du
» pôle renversent toute la jurisprudence. Un mé-
» ridien décide de la vérité; en peu d'années de
» possession, les lois fondamentales changent; le
» droit a ses époques. L'entrée de Saturne au Lion
» nous marque l'origine d'un tel crime. Plaisante
» justice qu'une rivière borne ! vérité en deçà des

« Pyrénées, erreur au delà. »On a taxé ces paroles de scepticisme, on s'est trompé : c'était le cri de douleur et de découragement poussé par un esprit sublime, habitué à méditer les vérités éternelles, qui, cherchant la science, trouvait seulement l'érudition. Et comment s'en étonner, lorsque récemment encore M. Oudot ne craignait pas de répéter cette phrase d'un contemporain : « Si l'on était appelé à se » prononcer, comme juré en son âme et conscience, » il est douteux qu'on osât proclamer qu'il existe » réellement une science du droit. »

Dieu merci, nous n'en sommes plus là. Grâce aux travaux des jurisconsultes actuels ; grâce surtout à ceux de MM. Oudot et Ortolan, le droit rationnel a conquis son rang dans les études juridiques ; et il n'est plus permis aujourd'hui de sacrifier les principes aux textes.

Ces considérations suffisent pour justifier le plan adopté dans cet écrit, nous examinons une question très-controversée, et nous divisons notre étude en deux parties : la première est consacrée au droit rationnel, la seconde au droit positif.

PREMIÈRE PARTIE

DROIT RATIONNEL

CHAPITRE PREMIER.

SYSTÈME DES ANCIENS PHILOSOPHES ET DES ANCIENS JURISCONSULTES.

Peut-on légitimement prêter à intérêt ? et, dans le cas de l'affirmative, quel doit être le taux ? Tels sont les problèmes, dont nous entreprenons l'étude. Ils ne sont point nouveaux : en Grèce, à Rome, au moyen âge, dans les temps modernes, on n'a cessé de les agiter. La controverse a été des plus ardentes. Les plus illustres génies sont entrés en lice. Mais il faut croire que la discussion n'a pas fait jaillir une lumière bien vive, puisque aujourd'hui encore nous sommes en présence de trois ou quatre systèmes. Les uns réprouvent toute stipulation d'intérêts, sauf dans les cas du *lucrum cessans*, du *damnum emergens* et du *periculum sortis*. D'autres, en admettant le même principe général, font une nouvelle exception pour le prêt commercial ; d'autres soutiennent que tout *mutuum* doit donner un profit au prêteur, et que le taux résulte uniquement des conventions entre parties ; les autres enfin ne reconnaissent de légitimité à l'intérêt que s'il est légal. Entre ces opinions si diverses, nous n'essayerons pas de faire un choix, nous nous plaçons, dans cette première partie, au seul point de vue du droit absolu. Nous cherchons une solution rigoureuse, qui soit logiquement déduite de principes juridiques incontestables ; et nous pouvons être assurés de ne point la trouver dans une controverse, où chacun s'inquiète plus de réfuter que de prouver. Nous ne nous croyons pourtant pas autorisés à négliger complétement ce qu'ont écrit les auteurs, pour ne consulter que la vérité éternelle. Ce serait une très-grande imprudence : car si les hommes ne sont pas la raison, il faut au moins, à l'exemple de Platon, les considérer comme des moniteurs. Depuis tant de siècles, la question de l'intérêt et de l'usure a été présentée sous toutes ses faces, et les travaux des philosophes doivent être féconds en précieux enseignements. D'ailleurs quand un Aristote ou un S. Thomas a médité un sujet, sa doctrine fût-elle fausse, il y a nécessairement encore beaucoup de vérité dans ses erreurs. C'est pourquoi nous allons examiner tout d'abord les différentes solutions proposées.

Nous commencerons par le système qui a pour lui l'autorité des plus grands noms scientifiques. Il peut s'énoncer ainsi : *On ne saurait sans injustice stipuler un prix pour le prêt de l'argent ou de tout autre objet fongible. Tout intérêt, si minime qu'on le suppose, est usuraire.*

Remarquons d'abord que cette doctrine, si elle était fondée et suivie, aurait les plus désastreuses conséquences pratiques. Toutes nos grandes entreprises sont fondées sur le prêt à intérêt, le crédit est indispensable à la vie du commerce ; et, comme peu d'hommes seraient disposés à faire passer leur argent en des mains étrangères, s'ils n'en retiraient aucun profit, déclarer l'argent essentiellement improductif, c'est frapper d'anathème l'industrie moderne ; c'est en même temps décourager l'esprit d'épargne, empêcher le pauvre de s'élever par son travail à une condition meilleure, et exciter l'amour des jouissances matérielles. Bossuet avait entrevu ces objections ; mais en son temps elles ne pouvaient apparaître avec une évidence aussi saisissante qu'aujourd'hui. Je ne doute pas que si, revenu sur la terre, il voyait les merveilleux développements de notre industrie, il ne serait effrayé lui-même de ses décisions. Dieu nous a ordonné d'occuper la terre, de la dominer, de la soumettre à notre volonté, de joindre notre intelligence à toute les forces de la nature. Et quand nous obéissons à cette loi, quand chaque jour nous faisons de nouvelles conquêtes sur la matière, il se trouverait un précepte moral pour se mettre à l'encontre, et pour nous dire : « Arrêtez, » vous commettez l'injustice ! » En vérité cela est impossible.

Un autre motif pour ne point reprouver toute sti-

pulation d'intérêts a été proposé, il y a bien longtemps par un casuiste, le père Diana : « Est-il permis,
» dit-il, de donner une grosse somme d'argent à un
» marchand, à condition qu'il en payera, par
» exemple, 5 p. 100 d'intérêts par an? Je réponds af-
» firmativement, pourvu qu'on ait l'intention de cé-
» lébrer trois contrats : un contrat de société, un
» contrat d'assurance du principal, et un contrat de
» vente d'un plus gros gain incertain contre un
» moindre gain certain et assuré. Et afin qu'on
» puisse mieux entendre la chose, voici comment
» on procède dans ce triple contrat : premièrement
» on donne de l'argent en société à un marchand, qui
» le doit employer dans son commerce ; en sorte que
» le profit peut bien revenir à 10 ou 12 p. 100 ; on
» fait ensuite un second contrat, par lequel, afin que
» le marchand réponde de la somme et l'assure, on
» relâche 5 p. 100 des 12 qu'on pourrait espérer de
» la société ; enfin on cède encore quelque chose, afin
» qu'il promette un profit déterminé. Tout étant
» ainsi fait, il reste par exemple 5 p. 100, qu'on peut
» recevoir sans usure et sans injustice, puisqu'alors
» l'égalité est gardée, les peines du marchand sont
» dûment récompensées, et que ces trois contrats
» étant justes pris séparément, ne sauraient être in-
» justes lorsqu'on les joint ensemble, et qu'on les fait
» dans le même temps avec la même personne. » —
C'est la fameuse doctrine des trois contrats, que le père
Maignen a modifiée plus tard : Rome l'a très-juste-
ment condamnée, parce qu'elle tendait à faire éluder

une loi positive légitimement portée. Pour nous, nous la considérons à un point de vue plus scientifique; et nous voyons dans cette argumentation, pour les cas auxquels elle s'applique, une preuve par l'absurde contre la thèse dont nous poursuivons l'examen.

Voilà des raisons qui, pour être indirectes, n'en sont pas moins graves. Mais nous ne nous en tiendrons pas là. Nous ne croyons pas avoir le droit de condamner une théorie, sans entendre sa défense. Nous ne voulons pas imiter les économistes qui, depuis Turgot, et à son exemple, ont pris l'habitude de tourner en ridicule les arguments apportés dans cette controverse par leurs adversaires, et de les représenter comme ne méritant pas une réfutation sérieuse. Nous n'avons jamais compris que l'on répondît à un syllogisme par une plaisanterie, Bentham l'eût-il assaisonné de sel anglais. Nous ne savons pas rire, quand nous lisons Aristote, saint Thomas d'Aquin, ou Pothier; et nous avons l'intention bien arrêtée d'accorder la plus respectueuse attention à une doctrine consacrée par la tradition philosophique, par l'approbation des sages antiques, par l'assentiment enfin des Pères et des docteurs.

Voici comment le grand saint Thomas établit sa thèse :

« Respondeo dicendum quod accipere usuram pro
» pecunia mutuata est injustum secundum se, quia
» venditur id quod non est; per quod manifeste
» inæqualitas constituitur, quæ justitiæ contraria-

» lur. Ad cujus evidentiam sciendum est quod quæ-
» dam res sunt, quarum usus est ipsarum rerum
» consumptio, sicut vinum consumimus eo utendo
» ad potum, et triticum consumimus eo utendo ad
» cibum. Unde in talibus non debet seorsum com-
» putari usus rei a re ipsa, sed cuicumque conceditur
» usus ex hoc ipso conceditur res; et propter hoc in
» talibus per mutuum transfertur dominium. Si quis
» ergo seorsum vellet vendere vinum, et seorsum
» vellet vendere usum vini, venderet eamdem rem
» bis, vel venderet id quod non est : unde mani-
» feste per injustitiam peccaret. Et simili ra-
» tione injustitiam committit qui mutuat vinum
» aut triticum, petens sibi dari duas recompensa-
» tiones : unam quidem, restitutionem æqualis rei ;
» aliam vero pretium usus, quod usura dicitur. —
» Quædam autem sunt, quarum usus non est ipsa rei
» consumptio, sicut usus est inhabitatio, non autem
» dissipatio. Et ideo in talibus seorsum potest utrum-
» que concedi, puta cum aliquis tradit dominium
» domus, reservato sibi usu ad aliquod tempus ; vel e
» converso cum quis concedit alicui usum domus,
» reservato sibi dominio. Et propter hoc licite potest
» homo recipere pretium pro usu domus, et præter
» hoc petere domum accommodatum, sicut patet in
» conductione et locatione domus. Pecunia autem se-
» cundum philosophum est principaliter inventa ad
» commutationes faciendas. Et ita principalis et
» proprius pecuniæ usus est ipsius consumptio vel
» destructio, secundum quod in commutationes im-

» penditur. Et propter hoc secundum si est illici-
» tum pro usu pecuniæ mutuatæ accipere pretium,
» quod usura dicitur. Et sicut alia injuste acquisita
» tenetur homo restituere usuram, quam pro pecunia
» mutuata accepit. » Je devrais peut-être traduire ce
texte, mais je préfère citer encore le commentaire
qu'en a donné Pothier, et joindre ainsi l'autorité du
jurisconsulte à celle du philosophe et du canoniste :

« L'équité veut, dit-il, que, dans un contrat qui
» n'est pas gratuit, les valeurs données de part et
» d'autre soient égales, et que chacune des deux par-
» ties ne reçoive pas plus qu'elle n'a donné, et ne
» donne pas plus qu'elle n'a reçu : or, tout ce que le
» prêteur exige, dans le prêt, au delà du sort prin-
» cipal est une chose qu'il reçoit au delà de ce qu'il
» a donné, puisqu'en recevant le sort principal seu-
» lement, il reçoit l'équivalent exact de ce qu'il a
» donné.

» On peut à la vérité exiger pour les choses dont
» on peut user sans les détruire, un loyer, parce
» que cet usage, pouvant être distingué d'elles-
» mêmes, est appréciable. Il y a un prix distingué
» de la chose, d'où il suit qu'on peut céder à quel-
» qu'un l'usage d'une chose, sans lui céder entière-
» ment la chose et lui en transférer la propriété.

» Quand je vous prête une somme d'argent pour
» vous en servir, à la charge de m'en rendre autant,
» vous ne recevez de moi que cette somme d'argent
» et rien de plus. L'usage, que vous aurez de cette
» somme d'argent est renfermé dans le droit de

» propriété, que vous acquerrez de cette somme :
» ce n'est pas quelque chose que vous ayez outre cette
» somme d'argent, ne vous ayant donné que cette
» somme d'argent, et rien de plus. Je ne peux donc
» exiger de vous rien de plus que cette somme, sans
» blesser la justice, qui ne veut pas qu'on exige plus
» qu'on n'a donné. »

C'est un syllogisme en forme. Appliquons-lui les lois de la logique, et nous reconnaîtrons facilement s'il est fondé ou non. Le raisonnement, dégagé de toute explication, se réduit à ceci :

Majeure. — Dans tout contrat qui n'est pas gratuit, la justice veut que les valeurs, données de part et d'autre, soient égales.

Mineur. — Or prêter une chose, qui se consomme par le premier usage, c'est donner cette chose, ni plus ni moins, la jouissance n'étant point séparée de la chose.

Conclusion. — Donc l'emprunteur ne doit rendre que la chose, ni plus, ni moins : toute stipulation d'intérêts blesse la justice.

La majeure est-elle vraie ? Turgot prétend que non : « La première proposition, dit-il, que, dans
» tout contrat, aucune des parties ne peut, sans in-
» justice, exiger plus qu'elle n'a donné, a un fon-
» dement vrai ; mais la manière dont elle est énon-
» cée renferme un sens faux et qui peut induire en
» erreur. Dans tout échange de valeur contre valeur,
» il y a un sens du mot valeur, dans lequel la valeur
» est toujours égale de part et d'autre ; mais ce n'est

» point par un principe de justice, c'est parce que la
» chose ne peut être autrement. L'échange, étant
» libre de part et d'autre, ne peut avoir pour motif
» que la préférence que donne chacun des contrac-
» tants à la chose qu'il reçoit sur celle qu'il donne.
» Cette préférence suppose que chacun attribue à
» la chose qu'il acquiert une plus grande valeur qu'à
» la chose qu'il cède, relativement à son utilité per-
» sonnelle, à la satisfaction de ses besoins ou de ses
» désirs. Mais cette différence de valeur est égale de
» part et d'autre : c'est cette égalité qui fait que la
» préférence est exactement réciproque, et que les
» parties sont d'accord. — Il faut conclure de cette
» explication que, dans tout échange, dans toute
» convention qui a pour base deux conditions réci-
» proques, l'injustice ne peut être fondée que sur la
» violence, la fraude, la mauvaise foi, l'abus de
» confiance, et jamais sur une prétendue inégalité
» métaphysique entre la chose donnée et la chose
» reçue. » — Pour nous, nous tirerons encore une
autre conséquence des principes inventés par Turgot.
Un homme est dans la dernière détresse : il s'adresse
à moi ; mais je lui refuse tout secours jusqu'au moment où, à moitié mort de faim, il vient me trouver
et me dire : « Je vous cède tout ce que je possède,
» ma maison, mon champ, mon travail, ma liberté.
» Prenez tout, mais de grâce un morceau de pain. »
Le marché se conclut, et rien ne saurait être plus
équitable : car il n'y a là ni violence, ni fraude, ni
vol : cet homme n'a pas plus de valeur qu'un mor-

ceau de pain, car ce morceau de pain représente sa vie, et dans son appréciation mieux vaut vivre esclave que mourir. Grand Dieu! les économistes ne sauraient-ils demeurer dans leur sphère, sans substituer les faits de leur science aux principes immuables de la morale. Sans doute, les règles de la justice président ordinairement aux conventions libres des hommes; mais il est des cas où l'une des parties se trouve pressée par d'urgentes nécessités, dont l'autre abuse contre tout droit, et le prêt peut en fournir un exemple. Au surplus nous ne voulons pas discuter plus longtemps avec Turgot. Les idées qu'il émet ici se rattachent à une théorie générale, qui nous semble subversive de tout droit, et que nous réfuterons en détail au chapitre suivant. Nous maintenons le principe d'égalité si nettement formulé par Pothier, et nous nous réservons de le démontrer plus tard.

La mineure est-elle vraie? est-il bien certain que *prêter une chose qui se consomme par le premier usage, ce soit donner cette chose, ni plus ni moins?* Prenons un exemple : voilà un homme, qui a faim; je lui prête un pain, il le mange immédiatement. Assurément dans ce cas il n'a absolument rien reçu qu'un pain; je ne saurais lui demander compte à la fois du pain et de la jouissance. Mais soit un commerçant, à qui je fournis 20,000 francs. Avec ces 20,000 francs, habilement employés, il gagne une forte somme? Qu'ai-je ainsi donné en réalité ? Est-ce seulement les 20,000 francs ? Évidemment non. On voit facilement qu'il en sera de même toutes les fois qu'un objet fongible sera prêté pour être employé productivement. Il en résulte que le syllogisme pèche par trop de généralité, et qu'il doit être modifié de la manière suivante :

Majeure. — Dans tout contrat qui n'est pas gratuit, la justice veut que les valeurs, données de part et d'autre soient égales.

Mineure. — Or, prêter une chose consomptible, pour n'être pas employée productivement, c'est donner cette chose, ni plus ni moins.

Conclusion. — Donc si une chose n'est pas prêtée pour être employée productivement, elle ne saurait légitimement rapporter intérêt.

Et maintenant rappelons-nous les objections que nous faisions au système de saint Thomas et de Pothier, avant même d'avoir étudié leurs arguments. Nous nous demandions comment il se pouvait faire, que les préceptes de la justice fussent en contradiction avec les nécessités du commerce, et comment la combinaison de trois contrats légitimes parvenait à produire une convention inique. Actuellement nous voyons que, quand ces questions peuvent s'élever, le raisonnement des anciens philosophes ne porte pas.

Concluons ce chapitre et disons que le système examiné est vrai dans certaines hypothèses, mais que dans d'autres il n'est pas soutenable.

CHAPITRE II.

SYSTÈME DES ÉCONOMISTES MODERNES.

Nous avons exposé et critiqué l'opinion qui a dominé dans le passé, nous allons maintenant examiner celle qui compte en notre siècle les plus nombreux défenseurs.

Les économistes modernes soutiennent, presque unanimement, que le *mutuum* est par sa nature générateur d'intérêts, et que la seule règle légitime du taux c'est la volonté mutuelle des parties.

Sur quels arguments appuie-t-on cette thèse? Voilà un point qui nous a longtemps embarrassé. Les préceptes de la logique ne sont guère en faveur aujourd'hui; et l'on n'aime pas à raisonner avec cette sévère forme syllogistique que nous avons trouvée dans les anciens auteurs. Spécialement sur la question qui nous occupe, on ne cherche guère à démontrer; on énonce l'opinion courante sur un ton d'autorité, comme s'il s'agissait d'un principe évident par lui-même; et le lecteur, qui ne sait pas se contenter d'affirmations gratuites, cherche avidement des preuves dans tous les livres dont il entend parler. Ainsi avons-nous fait sans le moindre succès jusqu'au jour où un mot de M. Batbie fut un trait de lumière pour nous : « Depuis le mémoire » de Turgot et les lettres de Bentham, dit ce juris- » consulte économiste, l'histoire de l'usure est tout

» entière dans les faits et les lois ; la théorie ayant
» été poussée aussi loin que possible par eux, leurs
» successeurs ne peuvent que les répéter, sans rien
» ajouter à leurs écrits. » — Nous avions lu le mémoire de Turgot, mais nous avouons que, rébuté
par les sophismes dont il est plein, et par le ton un
peu léger de l'argumentation, nous n'avions pas su
y découvrir un traité scientifique. Quant aux lettres
de Bentham, nous n'avions pu leur accorder aucune
importance : comment en effet prendre au sérieux
un prétendu philosophe qui n'a que du mépris et
de la raillerie pour les plus grands génies dont
s'honore l'humanité? Ce doit être, comme le dit
très-bien M. Troplong, « l'un des esprits les plus
faux, qui se puisse rencontrer. » Nous nous sommes
néanmoins livré à une nouvelle étude. Dans Bentham,
malgré tous nos efforts, nous n'avons absolument
rien trouvé ; mais, à travers la réfutation que Turgot
essaye de Pothier, nous avons fini par comprendre,
nous aussi, quelles raisons ont paru décisives à tant
d'éminents économistes. Elles se réduisent à trois,
que nous allons successivement énoncer et discuter.

1re raison. — Un propriétaire a toujours le droit,
quand il livre sa chose, d'imposer au cessionnaire
telles conditions qu'il lui plaît. — Deux personnes
majeures et saines d'esprit sont libres de faire tous
les contrats qu'elles veulent : rien de ce qui a été
volontairement convenu ne saurait être injuste.

C'est le prétendu principe de la liberté des transactions, qui compte aujourd'hui beaucoup de par-

tisans, et que dernièrement encore M. Émile
Olivier développait en ces termes au Corps législatif,
dans la séance du 27 mai 1867 : « Parmi les raisons
» qui militent en faveur de mon amendement, il en
» est une d'abord, qui pourra ne pas exercer une
» grande influence sur ceux qui ne sont pas versés
» dans les questions de droit, mais qui aura une
» importance majeure pour les jurisconsultes : elle
» est tirée de la nature des conventions. La con-
» vention est un accord de volontés, par lequel des
» personnes libres unissent leurs efforts pour pro-
» duire un acte quelconque. La convention ne doit
» avoir d'autre juge que la volonté de celui qui la
» consent. Aussi le droit romain appelait la con-
» vention : *lex* : contracter, c'était *legem dicere*, faire
» la loi, et le jurisconsulte n'intervenait que pour
» interpréter le sens et la portée du contrat, et non
» pour les juger. Oui, préciser, interpréter, développer
» les conséquences du contrat, voilà quelle est,
» selon la science du droit, la seule intervention lé-
» gitime du jurisconsulte. Quant au législateur, il
» n'y a point place pour lui. » Si l'on se contentait de
dire : « Il n'est pas besoin de lois positives pour
faire régner l'équité dans les transactions humaines, »
nous comprendrions la doctrine, tout en faisant des
réserves, et nous renverrions son examen à la
2ᵉ partie de cet écrit, qui traite du droit appliqué.
Mais on va plus loin : on soutient que l'équité est
subordonnée à notre jugement, que la volonté des
parties intéressées a le pouvoir de rendre tout acte

légitime, que liberté et justice sont des idées identiques. A-t-on jamais imaginé rien de plus étrange ?
Est-il nécessaire de répéter que le droit est absolu,
éternel, immuable ? et faut-il rappeler que la liberté
est tout simplement une application de notre volonté, que celle-ci peut se porter à des objets contraires, qu'elle est essentiellement variable, con-
tingente, muable. Dire : « La convention ne doit
» avoir d'autre juge que la volonté de celui qui la
» consent, » c'est avancer que tout est juste, c'est
nier la science juridique. Aussi bien les adeptes
de la théorie que nous combattons ne l'exposent
jamais avec netteté : ils soutiennent la conclusion,
mais ils la tirent contre toute logique d'arguments
qui seraient seulement valables en législation.

2ᵉ raison. — Turgot l'expose ainsi : « C'est d'abord
» une preuve bien forte, que la nécessité du prêt
» à intérêt pour la prospérité et pour le soutien
» du commerce. Car quel homme raisonnable et
» religieux en même temps peut supposer que la
» Divinité ait interdit une chose nécessaire à la
» prospérité des sociétés ? Or la nécessité du prêt
» à intérêt pour le commerce et par conséquent
» pour la société civile est prouvée d'abord par la
» tolérance, que le besoin absolu du commerce a
» forcé d'accorder à ce genre de négociations,
» malgré les préjugés rigoureux et des théologiens
» et des jurisconsultes. Cette nécessité est d'ailleurs
» évidente par elle-même. J'ai déjà dit qu'il n'y
» a pas une place de commerce où la plus grande

» partie des entreprises ne roule sur de l'argent em-
» prunté: Il n'est pas un seul négociant, peut-être, qui
» ne soit obligé de recourir à la bourse d'autrui. Le
» plus riche en capitaux ne saurait s'assurer de n'avoir
» jamais besoin de cette ressource qu'en gardant
» une partie de ses fonds oisifs, et en diminuant
» par conséquent l'étendue de ses entreprises. Il
» n'est pas moins évident que ces capitaux étrangers
» nécessaires à tous les négociants, ne peuvent leur
» être confiés par les propriétaires qu'autant que
» ceux-ci trouveront un avantage capable de les dé-
» dommager. . . . . . Si l'argent prêté ne rapportait
» point d'intérêt, on ne le prêterait point. »

Nous avons déjà fait valoir des considérations analogues. Ce sont des objections contre la doctrine des anciens, mais nullement des preuves pour celle des économistes.

3ᵉ raison. — Le prêteur aurait pu employer lui-même ses fonds et les faire fructifier. En les prêtant, il se prive d'un bénéfice : pourquoi n'aurait-il pas le droit de se faire indemniser ? Cet argument serait irréprochable, s'il était fondé : mais peut-on dire que toujours le prêteur livre un capital dont il comptait tirer parti ? Evidemment non : il en est ainsi dans bien des cas, mais dans beaucoup d'autres le contraire arrive.

Donc des trois raisons que nous avons examinées, une seule présente de la valeur : elle établit la thèse des économistes pour certaines hypothèses, mais encore ne le fait-elle que partiellement, car s'il est prouvé que parfois le prêteur peut exiger un intérêt, cet intérêt ne saurait être arbitraire ; il faut qu'il soit en rapport avec la privation subie par le capitaliste. Il y a loin de là à cette assertion que tout taux est juste quand il résulte d'une convention.

Ainsi nous voilà arrivés par une tout autre voie à la conclusion qui terminait le précédent chapitre. Dans certains cas, on peut légitimmeent prêter à intérêt; dans d'autres, non.

CHAPITRE III.

QUELQUES AUTRES SYSTÈMES.

Nous terminerons cette discussion par l'examen de trois autres systèmes, qui ont été souvent exposés.

1° On a prétendu que le prêt à intérêt était illégitime par lui même ; mais qu'il devenait licite quand il était autorisé par la loi civile.

Nous avons grand'peine à comprendre une telle opinion. Comment ! l'État aurait la singulière puissance de rendre bon un acte mauvais? mais Dieu lui-même ne le pourrait pas. Par quels arguments parvient-on à admettre un tel mystère! Nous n'en connaissons qu'un, c'est celui des communistes : la société est l'unique propriétaire de tous les biens ; les individus tiennent d'elle ce qu'ils possèdent ; elle a le droit de dépouiller l'un pour enrichir l'autre. Arrivés là, nous ne discutons plus ; exposer de semblables raisons, c'est les réfuter.

2° D'autres écrivains disent : On ne peut exiger aucun intérêt en vertu du prêt lui-même ; mais s'il y a *lucrum cessans* ou *damnum emergens*, le prêteur est fondé en droit à réclamer une indemnité.

Ce système, on ne l'appuie guère que sur des arguments historiques, et des raisons empruntées plus ou moins heureusement aux théologiens.

Nous ne saurions l'admettre. Nous avons en effet démontré que, quand l'emprunteur reçoit des fonds pour les faire fructifier, il n'y a aucun motif pour empêcher le prêteur de réclamer une part dans le profit. Et ceci nous semble concluant.

3° Le cardinal de la Luzerne s'exprime ainsi : Une somme d'argent peut être employée de trois » manières : ou en sorte que l'usage qu'on en fait la » consume ; ou tellement qu'après l'usage elle reste » entière, sans être augmentée ni diminuée ; ou de » façon que l'usage la fasse fructifier et l'accroisse. » Susceptible de ces trois emplois, elle peut recevoir » l'une ou l'autre de ces trois destinations : elle peut » être prêtée pour l'un ou pour l'autre de ces trois » objets. Voici donc des choses très-distinctes : » emploi, destination, prêt d'accroissement. L'intérêt » du premier de ces prêts est l'usure ; l'intérêt des » deux autres ne l'est pas. » Cette doctrine, si elle était mieux motivée, nous satisferait : car elle ressortait déjà des deux précédents chapitres. Mais, pour nous décider, il nous faut des principes incontestables, que ne nous ont pas fournis les auteurs.

CHAPITRE IV.

QUELQUES PRINCIPES DU DROIT RATIONNEL PRIVÉ.

Sommaire. — I. Objet du présent chapitre. — II. Définition du droit privé. — III. Principe général du droit privé. — IV. Droits réels. — V. Actions. — VI. Contrats.

I.

Nous avons entrevu, à travers les différents systèmes, quelle solution doit être donnée au problème du prêt et de l'usure; mais nous ne saurions en rester là. Il est utile sans doute de discuter les arguments proposés par les auteurs : on comprend ainsi comment peuvent être excédées les limites de la raison, et l'on apprend à se mettre en garde contre les nombreux écueils qui bordent l'étroit sentier du vrai. Pourtant ce n'est encore là qu'un exercice préparatoire : les résultats obtenus par cette voie ne sont pas de nature à satisfaire l'entendement ; le demi-jour ne saurait suffire; une lumière voilée par des réfutations n'a jamais pu faire luire l'évidence dans aucun esprit. Il est donc temps d'aborder la question en face. Écartons les controverses, ne consultons plus que la raison.

Déjà une grande difficulté nous apparaît : nous étudions un contrat spécial, et nous voulons fonder nos décisions sur les principes mêmes du droit rationnel ; or, ces principes appliqués aux conventions n'ont encore été à notre connaissance exposés nulle part. Nous voilà donc obligés, pour résoudre un problème tout à fait particulier, de remonter aux questions les plus générales. Notre exposé en sera ralenti ; nous n'arriverons à notre sujet que par une voie détournée. Mais qu'on ne s'en effraye pas : nous n'entreprenons point d'écrire en plusieurs volumes un long traité de droit. S'il faut beaucoup de pages pour faire la législation d'un pays ; si les jurisconsultes sont obligés de consacrer plusieurs in-folios à la discussion des textes, peu de lignes suffisent pour présenter, dans ses principaux traits, la science du juste et de l'injuste. Toute science en effet est simple par sa nature : c'est l'ignorance des hommes qui fait les difficultés et multiplie les théories. Il est impossible que la vérité créée ne soit pas une, comme celui dont elle est la participation en nous ; et de fait nous voyons que, dans les diverses branches des connaissances humaines, le progrès emporte chaque jour quelque principe inutile, quelque hypothèse hasardée. Des esprits très-éminents vont même jusqu'à penser que le jour n'est pas éloigné où, à l'aide d'une seule loi, il sera facile d'expliquer tous les phénomènes tant du monde moral que de la nature matérielle ; et en vérité on dirait que tout aujourd'hui, même les plus étranges sophismes, cons-

pire à l'avénement de cette grande ère scientifique.
Pénétrez en effet au fond des erreurs professées à
notre époque, et vous ne tarderez pas à reconnaître,
sous tous les égarements de l'esprit humain, une
grande et vivifiante pensée. On a fait l'apothéose des
passions, on a confondu l'homme avec son créateur,
par des doctrines subversives on a ébranlé la société:
néanmoins, nous ne craignons pas de l'affirmer,
dans toutes ces monstrueuses théories, dans le Fou-
riérisme, dans le Saint-Simonisme, dans l'indivi-
dualisme, dans le panthéisme allemand et même
dans l'athéisme contemporain, la vérité est présente
elle règne, elle est victorieuse; elle est là sous son
aspect le plus admirable peut-être; ses ennemis l'a-
dorent dans sa sublime unité; et c'est précisément en
lui rendant hommage, qu'ils parviennent parfois à
écrire de belles choses. Otez, par exemple, à Fourier
ou à St-Simon leurs aspirations passionnées vers l'u-
nité, et leurs livres sont des œuvres misérables.
Pourquoi la philosophie hégélienne, en dépit de son
absurdité, exerce-t-elle un si puissant attrait? Pourquoi le communisme a-t-il séduit tant de nobles
intelligences? C'est qu'un souffle puissant en-
traîne tous les esprits et tous les cœurs à une grande
synthèse scientifique. L'unité : voilà donc la lumière, elle s'efforce de luire. Encore un peu de
temps, et le *fiat lux* retentira au milieu du chaos, et
les ténèbres seront dissipées.

Mais nous n'avons pas à rechercher ici les tendances de la science en général, et à redire les aspi-

rations de quelques esprits élevés. Y a-t-il un grand principe à la lumière duquel on puisse résoudre les différentes questions juridiques? et, en supposant que ce principe existe, que pouvons-nous en conclure relativement à l'intérêt et à l'usure? Telles sont les deux questions qui doivent nous occuper exclusivement en ce moment.

II.

La première en présuppose une autre : en quoi consiste le droit? quel est son rôle particulier dans l'ensemble de la science?

Si nous portons un regard attentif sur l'univers, nous reconnaîtrons bientôt que toute cette immense variété de la nature se réduit en définitive à deux choses : des êtres et des phénomènes, c'est-à-dire des êtres et des mouvements se manifestant en eux. Nous ne tarderons pas à comprendre qu'il est impossible de définir exactement l'objet de la philosophie (je prends cette expression dans son sens le plus général), avant d'avoir résolu le problème fondamental suivant : rechercher la cause qui produit les modifications observées au sein des êtres. Interrogeons sur ce dernier point les différents traités scientifiques, les physiques, les chimies, les histoires naturelles, les économiques et autres. Nous rencontrons partout cette hypothèse, qu'il y a des forces agissant sur les êtres ; c'est la cohésion qui rassemble les molécules matérielles de même espèce; l'affinité, qui

oblige les atomes de deux corps différents à se réunir;
la chaleur, qui s'efforce de détruire l'œuvre accom-
plie par la cohésion; c'est encore le principe vital,
qui élève à l'état organique la matière inerte; c'est
aussi le progrès, qui pousse fatalement les peuples
dans telle direction déterminée; c'est encore.....
mais à quoi bon poursuivre une énumération qui,
en définitive, ne saurait jamais être complète, car
tous les jours on invente quelque nouvelle force. —
A dire le vrai, cette explication n'éclaircit rien.
Qu'est-ce qu'une force? sommes-nous en droit de
demander; est-ce un être, oui ou non? Si l'on répond
négativement, la théorie exposée s'écroule, faute de
base. Dans le cas contraire, en présence de quelles
impossibilités ne se trouve-t-on pas? A qui préten-
drait-on persuader que l'affinité ou le progrès sont
des entités particulières? Écartons toutes ces imagi-
nations au moins bizarres, qui ne servent qu'à obs-
curcir la science et à rendre inintelligibles les plus
simples vérités. Nous n'admettons ni la chaleur, ni
la lumière, ni l'électricité, ni le principe vital, et
autres, tels qu'on les entend d'ordinaire. Nous croyons
que tout être existant dans la nature est une force;
nous définissons la force un être agissant; et nous
disons que tous les phénomènes de l'univers sont
causés par les actions mutuelles qu'exercent les êtres
les uns sur les autres. L'être par excellence, Dieu,
est aussi éminemment actif; c'est l'acte pur, comme
l'appelle Aristote; partout il est présent non comme
substance, mais comme force. C'est le premier mo-

teur immobile, *primum movens immobile*. Mises en acte par lui, ses créatures tendent à se communiquer mutuellement l'impulsion qu'elles ont reçue: elles agissent conformément à cette loi d'amour, qui a tiré le monde du chaos (*et spiritus Dei funbatur super aquas*) : et l'univers manifeste ainsi l'ordre éternel, existant au sein du Créateur.

Donc l'objet de la science en général, c'est l'étude des êtres, agissant les uns sur les autres.

L'objet de la science sociale en particulier, c'est l'étude des hommes, agissant les uns sur les autres.

— Le droit est une partie de la science sociale : tâchons de circonscrire son domaine.

On peut étudier les actions ou dans leur cause, ou dans leur règle, ou dans leur fin.

Le droit est-ce donc le moteur, le principe déterminant, qui nous pousse vers nos semblables? Evidemment non : il est essentiel aux préceptes juridiques qu'ils puissent être observés et violés librement ; or il ne se peut pas que Dieu ait subordonné tellement à notre volonté l'existence même de la société, c'est-à-dire en grande partie l'ordre de la nature. La cohésion, qui tient les hommes unis entre eux, est à certains égards irrésistible, elle a ses racines au plus profond de notre être ; c'est le besoin qui sans cesse nous fait sentir son aiguillon. Besoins physiques : isolés sur la terre, que pourrions-nous dans l'ordre matériel? Comment obtenir l'aliment le plus simple, le vêtement le plus grossier, sans l'aide de nos semblables? — Besoins intellectuels : nous avons faim et soif de la vérité, or notre esprit se serait-il jamais ouvert à la lumière, si dès l'enfance une vivifiante parole n'eût retenti à notre oreille? Aurions-nous jamais précisé nos pensées, si nous n'eussions pu les communiquer aux autres? Quel esprit assez vigoureux pour reconstituer à lui seul l'héritage scientifique légué par les siècles? Que Dieu vienne à faire briller une lumière nouvelle dans notre intelligence; qu'une grande et féconde idée vienne à illuminer notre âme: n'est-il pas vrai, que nous ne saurions demeurer dans un repos égoïste? Une puissance irrésistible nous presse de parler : il faut absolument que nous conviions nos frères à prendre leur part dans notre vérité. Besoins moraux : le bien, voilà notre fin. Mais comment l'atteindre? Comment résister aux suggestions du mal, sans les conseils et les exemples de nos semblables? Serait-il possible d'entretenir dans son cœur le culte de la justice et de l'amour, si on ne les pratiquait pas? — Je conclus que nous sommes portés à agir et à former les diverses combinaisons sociales par les besoins du corps, les aspirations de l'esprit, les désirs du cœur, et nullement par les prescriptions du droit.

Le droit serait-il donc la règle, la loi de l'action? Cette opinion paraît assez généralement adoptée; Examinons-la attentivement.

Qu'est-ce qu'une loi? comment la science entend-elle cette expression? Tâchons de le comprendre par un exemple. Pour éviter toute équivoque, laissons un moment de côté le monde moral; consultons la physique, qui élève à un degré éminent la prétention de formuler avec précision les lois. Nous rencontrons bien des principes incomplets ou inexacts, premières ébauches de la vérité. Mais entre tous il en est un qui certainement peut servir de type, c'est celui de la gravitation universelle : les corps s'attirent proportionnellement à leur masse, et en raison inverse des carrés de leurs distances. — Les corps s'attirent : ce n'est pas encore une loi. Il n'y a là que la constatation d'un fait, d'une tendance inhérente à la matière. Comment s'attirent-ils ? Proportionnellement à leur masse, et en raison inverse des carrés de leurs distances ; voilà une loi. Qu'avons-nous en réalité ajouté à la notion de cet attrait, qui incline les corps les uns vers les autres ? Une seule idée : celle du poids, du nombre et de la mesure, qui président au mouvement et viennent le régler. Nous sommes par conséquent fondés à définir la loi : le poids, le nombre et la mesure, introduits dans les actions pour les circonscrire. C'est ce qui nous explique cette parole de l'Écriture Sainte : « Omnia numero, pondere, ac mensura... l'économie entière de la création repose sur le poids, le nombre et la mesure. » — Cela étant, dirons-nous que le rôle du droit est d'apporter le poids, le nombre et la mesure aux actions humaines ? Nous ne le pouvons pas, à moins d'admettre que l'homme possède la singulière faculté de se soustraire à toute règle, en méprisant la justice ; et que deviendrait alors la notion de la providence, et cette ancienne doctrine si solidement établie que les lois divines sont inéluctables ? Faisons bien comprendre notre pensée.

Tout homme agit sur ses semblables proprotionnellement à sa puissance et aux rapports existant antérieurement entre lui et eux. Cette proposition contient une loi sociale analogue à la gravitation : je l'énonce fort mal, je le sens bien ; mais elle ne saurait, je crois, être sérieusement contestée. Elle indique suivant quelle règle, avec quelle énergie et quelle intensité on agit dans telle circonstance donnée ; elle montre le poids, le nombre et la mesure dans l'activité humaine. Mais contient-elle seulement l'apparence d'un précepte juridique ? Il est inutile de le demander : elle reçoit évidemment son application aussi bien par les hommes, qui professent l'iniquité, que par les personnes vertueuses. — Ces considérations nous autorisent à regarder comme absolument fausse et comme profondément regrettable l'assimilation, consacrée par la langue, de ces deux idées : droit et loi.

Le droit n'est ni le principe, ni le régulateur des actions humaines : reste qu'il les étudie dans leur fin. Lorsqu'en physique on a constaté les tendances de la matière, et déterminé la loi destinée à régir les mouvements divers, tout est dit ; la science est parfaite ; inutile de rechercher quelles actions conduisent les corps à leur but, car toutes satisfont également à cette condition. L'homme au contraire n'est pas poussé fatalement à accomplir les desseins du Créateur : il est maître de sa destinée et choisit lui même sa voie.

D'une part Dieu exerce sur l'âme un puissant attrait : se présentant à nous comme le désirable et l'intelligible, il nous convie sans cesse à élever vers lui notre intelligence et notre cœur ; il agit sur toutes nos facultés ; nous n'avons qu'à ne pas rejeter son impulsion, et nous monterons toujours plus haut jusqu'à ce que nous ayons atteint la source de tout bien et de toute vérité. D'autre part, sortis du néant, nous sommes sollicités au non être : notre corps, morceau de boue élevé à la vie organique par l'empire que l'âme exerce sur lui, se ressent, comme dit Bossuet, de la bassesse de son origine ; il y a en lui comme un secret désir de rentrer sous les lois de la matière brute, auxquelles ses molécules composantes obéissaient exclusivement dans le principe ; rivé à une intelligence et à une volonté qui le maîtrisent, il fait un continuel effort pour abaisser jusqu'à lui les puissances dominatrices, et pour dégrader ainsi tout notre être. Aux instances du corps s'ajoutent celles de l'orgueil, et nous sommes fortement inclinés à descendre dans l'échelle de la création. Nous voilà donc entre deux tendances directement contraires : nous élèverons-nous ? nous abaisserons-nous ? Le choix nous appartient, car nous sommes libres. Chaque fois que nous optons pour le second parti, nous empêchons l'action de Dieu, qui nous dirigeait dans un autre sens ; nous tentons (incroyable absurdité !) de fermer notre cœur à celui qui par essence est présent partout, nous repoussons le bien, c'est-à-dire que nous faisons le mal. *Peccatum*, dit l'Ange de

l'école, *est repulsio Dei.* — La morale a pour but
de déterminer dans quelles circonstances l'homme
repousse Dieu. Le domaine du droit privé est plus
restreint : il se borne à indiquer les actions répul-
sives de Dieu, parmi celles, que nous exerçons sur
nos semblables. Faisons bien ressortir la différence capitale qui résulte de ces deux définitions. On peut repousser le bien suprême, non-seulement en commettant des actes qui contrarient
l'impulsion imprimée par lui, mais encore en l'em-
pêchant d'opérer par nous, quand il lui plaît : dans
certains cas, la morale ordonne donc d'agir. Le droit
au contraire ne prescrit jamais que des inactions. On
peut objecter, je le sais, cet incontestable principe
juridique, que tout homme est tenu de réparer le
dommage causé à autrui par sa faute; mais je ne
vois pas là un argument bien concluant. Le but du
précepte allégué n'est en effet que de détruire les
conséquences d'une action injuste : c'est un retour
à l'inaction, qui était ordonné. On met aussi en
avant l'obligation où sont les contractants de faire
ce qu'ils ont promis; mais je montrerai plus loin
que tout devoir de cette nature a son fondement dans
une nécessité morale d'inaction. Ce que nous disons
là ne s'applique évidemment en aucune façon au
droit public, qui contient beaucoup de prescriptions
actives. Ainsi un père n'est en rien obligé vis-à-vis
de ses enfants, comme l'a fort bien remarqué l'abbé
Beautain; cependant l'intérêt social, d'accord avec la

morale, exige qu'il les élève, et le législateur devra l'y contraindre au besoin.

III.

Il faudrait maintenant essayer de renfermer dans une seule et même formule toutes les inactions imposées par le droit privé. Je dis que cela est possible et même facile après les explications qui précèdent.

S'il est vrai que nos actions sont bonnes seulement quand elles résultent de l'impulsion divine, quand on peut dire : « le Tout-Puissant a opéré par l'homme, » c'est dans les tendances de l'activité incréée qu'il faut étudier leur nature. Notre but, en agissant, doit être celui même que poursuit l'Éternel. Or que veut, que cherche l'Être absolu? Évidemment il se plaît à manifester, à reproduire ses infinies perfections, à répandre partout la vie, le bonheur et la lumière; il travaille à accroître les êtres; jamais le mal ne saurait être son œuvre, car faire le mal, c'est détruire ce qui existe, et, comme l'a dit avec profondeur un très-célèbre poëte contemporain,

> Celui qui peut créer dédaigne de détruire.

Concluons qu'entre toutes les actions exercées par un homme sur ses semblables, celles-là seules sont permises qui présentent le caractère suivant : le patient n'en éprouve aucune diminution dans sa personnalité, aucune restriction dans ses puissances; la sphère de son moi est accrue. Posons donc comme fondement du droit privé cette proposition. *L'injustice consiste à amoindrir l'individualité d'autrui. Tu respecteras tes semblables dans toutes les manifestations de leur activité :* voilà le grand précepte juridique qui fournit une réponse décisive à toutes les questions examinées dans les différents traités.

Notre principe s'applique *soti definito*, puisqu'il prescrit seulement des inactions; *toti definito*, puisqu'il renferme toutes les inactions ordonnées par le droit. Il a aussi le mérite de n'être pas nouveau : on le retrouve dans tous les monuments de morale et de législation, dans le Décalogue et dans le *Corpus juris.* Il est évident par lui-même, et nous ne l'eussions pas démontré, si nous n'avions voulu mettre sa généralité en lumière. Cependant il est une école de philosophie qui va directement à l'encontre par une argumentation fallacieuse et subtile. On a prétendu que l'état social imposait des sacrifices à l'individu, restreignait l'étendue de son moi, diminuait considérablement sa personnalité : le tant vanté Beccaria en a même tiré une curieuse raison contre la peine de mort. On a imaginé que deux hommes ne pouvaient pas se rapprocher sans se nuire, que si l'un gagnait l'autre devait nécessairement perdre. Ce n'est pas ici le lieu d'examiner ces étranges, j'allais dire immorales propositions, qui ne reposent d'ailleurs sur rien de solide. Elles ont été facilement réfutées en Amérique par M. Carrey; en France par F. Bastiat, un homme

de cœur et d'intelligence. Répétons avec le premier
que la vie humaine est féconde au point de vue éco-
nomique. Proclamons après le second que l'homme
a d'autant plus de chances de prospérer, qu'il vit
dans un milieu plus prospère, et que le bien de chacun
favorise le bien de tous, comme le bien de tous favorise le bien de chacun.

Notre principe reste donc intact. Pour le faire
apparaître dans toute son évidence, il faudrait, après
l'avoir établi *à priori*, lui appliquer la méthode *à
posteriori*, et reprendre une à une toutes les difficultés
juridiques. Ce serait une œuvre immense, que nous ne
nous sentons pas la force d'entreprendre et qui d'ailleurs dépasserait trop notre but. Nous nous contenterons de tirer quelques conséquences, qui sont
nécessaires pour comprendre les règles du prêt. Nous
étudierons les droits réels et les actions.

<h2 style="text-align:center">IV.</h2>

Les communistes ont nié l'existence des droits
réels : nous laisserons de coté leurs arguments, car
nous ne voulons pas perdre notre temps à réfuter des
sophismes. Nous devons interroger notre principe
général, et lui demander si un homme peut légitimement s'attribuer, à l'exclusion de ses semblables,
l'utilité totale ou partielle d'une chose.

Posons d'abord des prémisses, qui faciliteront sin-
gulièrement la réponse à cette question.

Considérons une terre cultivée : reportons-nous par l'imagination au temps où l'homme ne l'avait pas encore approchée. De grands arbres, des ronces, des épines ; une végétation livrée au hasard, sans règle, sans frein ; des produits inutiles : tel est le spectacle offert à nos yeux. Quelle différence avec l'état actuel ! comme tout est changé ! Notre intelligence et notre volonté ont marqué le sol de leur empreinte ; coopérateurs de Dieu, nous sommes venus, et nous avons dirigé les forces de la création. Mais que l'homme s'éloigne, et la nature indisciplinée reprendra encore le dessus, et avant peu cette terre si fertile deviendra méconnaissable. — Prenons des animaux domestiques, des bœufs si l'on veut : n'est-il pas vrai que le maître agit toujours en eux, qu'on ne saurait les apercevoir séparés de sa personne ? Voyez : il est présent dans tous leurs mouvements ; qu'ils paissent, qu'ils labourent, qu'ils rentrent à l'étable, qu'ils en sortent, c'est toujours par son ordre. Bien plus, l'empire que nous exerçons sur eux va jusqu'à modifier leur forme ; rendez-les à l'état sauvage, et vous verrez leur corps subir après une ou deux générations, des changements profonds. — Ces exemples, et il serait bien facile de les multiplier à l'infini, nous montrent que l'homme possède l'étrange faculté de sortir de lui-même, et de s'assimiler les objets matériels, de les absorber dans sa personnalité, de rayonner son moi sur eux. C'est un fait incontestable ; tout le monde le reconnaît au moins implicitement. En effet, dans tous les idiomes, on dit : « ma maison, mon usu-

fruit, » comme : « mon intelligence, mon bras. Un tel
langage paraît bizarre à première vue, et je pourrais
citer des auteurs qui le trouvent ridicule : car enfin, dit-
on, si ce bras et cette intelligence font partie intégrante
de mon être, je ne suis ni cette maison ni cet usufruit.
Que signifie une telle alliance du moi avec un objet
extérieur ? Évidemment c'est un hommage rendu par
le genre humain tout entier, y compris les communistes, à la grande et étonnante vérité que nous
énoncions tout à l'heure. Plus on y réfléchira et moins
on trouvera une meilleure manière de l'exprimer :
si l'individualité de la maison a disparu dans la
mienne, n'est-il pas naturel que mon nom serve à la
désigner ? Mais comment expliquer que nous ayons
le pouvoir de nous assimiler les créatures inférieures,
animées ou non ? Qu'est-ce que la terre ? qu'est-ce
que les plantes ? qu'est-ce que les animaux ? qu'est-ce,
pour tout dire en une phrase, que les biens matériels ?
Relativement à nous, ce sont des forces et pas autre
chose. Nous avons établi, en effet, que par force on
doit entendre la puissance d'action inhérente à tout
être ; et il est facile de comprendre que les objets
matériels se manifestent à nous, sont utiles ou nuisi-
bles non par leur nature intime, mais par leur pouvoir de modifier notre corps. Que l'acide sulfurique
se borne à être une substance, qu'il ne produise plus
aucune impression sur nos organes, qu'il perde la
propriété de dévorer les tissus, qu'il cesse en un mot
d'être agent, et pour nous il sera comme n'existant
pas. Ce point admis, voici la conséquence : S'il est

vrai que l'homme ait assez de puissance pour dominer toutes les forces des choses, les tenir sous sa
dépendance, subordonner à sa volonté l'énergie, la
durée, et même la possibilité de leurs manifestations,
il faut bien admettre que les biens peuvent ne pas
exister pour nos semblables séparés de notre moi.
Mais l'hypothèse qui sert de base à cette décision,
est-elle réelle? avons-nous autorité efficace sur les
forces? Poser une semblable question, c'est en même
temps la résoudre. Toute difficulté est donc levée,
tout mystère s'est évanoui; nous nous assimilons les
créatures inférieures, parce que nous possédons la
faculté de subordonner leur activité à la nôtre.

La théorie des droits réels est maintenant très-
avancée. Supposons que je me sois rendu présent dans
un objet, de manière à l'absorber tout entier : pou-
vez-vous légitimement l'employer à votre usage? Il
faut répondre que non. Vous tentez de substituer
votre action à la mienne; vous voulez me chasser du
lieu que j'occupe; vous mettez obstacle à l'exercice
habituel de mes facultés. Qu'est-ce, sinon restreindre ma personnalité, c'est-à-dire commettre
l'injustice? Nous débarquons dans une île déserte,
j'aperçois un cheval sauvage, que des signes extérieurs rendent facilement reconnaissable ; je dési-
rerais m'approprier cet animal; je fais même pour
le dompter des efforts qui demeurent infructueux. A
quelque temps de là, vous vous en emparez : puis-je
m'y opposer? sur quoi fonderai-je ma prétention?
Vous n'avez nullement entravé mon activité dans ses

manifestations ordinaires, puisque je n'ai pas encore étendu mon moi sur le cheval. Les droits réels ont donc un double fondement : d'abord notre principe, ensuite ce fait que nous pouvons confondre dans notre personnalité les objets extérieurs. La personne juridique est à la fois étendue et impénétrable : par l'action, nous nous portons hors de nous-mêmes ; et deux actions ne sauraient être exercées dans le même temps et le même lieu par des hommes différents, sans se contrarier. Voilà pourquoi nous devons réfréner notre faculté d'expansion partout où se trouve l'un de nos semblables.

Il y a bien des droits réels, car grand est le nombre des actions différentes qu'il est possible d'exercer sur une même chose. Évidemment deux ou plusieurs personnes ont le droit d'agir simultanément en un même point de l'espace, si leur mode d'opérer, étant différent, celles qui sont venues les dernières ne se heurtent pas aux autres.

Comment s'acquièrent les droits réels? Des philosophes et des économistes éminents n'admettent qu'un seul mode, le travail. On est, disent-ils, maître de ce qu'on a créé par son industrie. Cette théorie présente l'immense avantage de tarir dans leur source les plaintes élevées par le salaire contre le capital. Mais un intérêt pratique, si grand qu'il soit, n'est rien pour nous auprès de la vérité éternelle. La doctrine que nous examinons manque de généralité : elle n'explique pas du tout les transmissions à titre gratuit; et l'on serait obligé d'avoir re-

cours à des subtilités, si on prétendait l'appliquer à
tous les cas d'acquisition originaire. Chaque chose en
effet s'assimile suivant sa nature propre : j'avoue que
la plupart réclament un certain effort de notre part,
si nous voulons nous rendre présents en elles ; mais
il en est d'autres auxquelles on peut certainement
imposer son moi, sans exécuter un véritable travail.
— Nous disons qu'on a un droit réel, dès là qu'on a
confondu un objet dans son moi, sans commettre
l'injustice, c'est-à-dire sans restreindre la personnalité d'autrui. Or cette condition peut être remplie
par des voies différentes, par l'occupation et par
la tradition. Une terre n'a pas de maître : elle
est à moi, si je parviens à dompter la force végétative.
Je voudrais cette maison : je ne puis légitimement
m'en emparer, car elle appartient à mon voisin,
mais celui-ci consent à me la donner. Rien de plus
simple : qu'il retire son moi, à mesure que j'a-
vance le mien, qu'il m'en fasse tradition, et sans
obstacle moral je pourrai m'assimiler la maison.

V.

Si l'humanité ne se composait que d'individualités
juxtaposées, sans aucun lien social, nous ne pour-
rions plus rien ajouter. La science juridique n'aurait
pour but que de faire comprendre comment le moi
est à la fois étendu et impénétrable. Mais nous agissons
les uns sur les autres, c'est un fait aussi nécessaire

qu'incontestable. Après l'étude des droits réels vient donc forcement celle des actions.

Qu'est-ce qu'une action? qu'entendons-nous par ce mot? Nous ne lui donnons pas le sens qui lui est ordinairement attribué! Agir, c'est pour le légiste intenter et soutenir un procès; pour nous c'est modifier un autre homme d'une manière quelconque. Nous aurions bien préféré nous conformer en cette matière à l'usage reçu : mais ce n'est pas notre faute si les jurisconsultes ont négligé d'exprimer l'idée que nous développons; et nous ne trouvons dans la langue aucune autre locution qui rende aussi exactement notre pensée. Du reste les mathématiciens, qui cherchent avant tout à être précis, emploient le mot dans la même acception que nous; et il nous semble trèsphilosophique de rendre identiquement les conceptions communes aux différentes sciences.

Faisons bien comprendre la nature des actions.

Pour qu'un homme agisse sur son semblable, il faut de toute nécessité qu'il y ait chez le premier une force, chez le second une faiblesse, et que cette force corresponde à cette faiblesse. Si nous considérons d'abord les actions, dont nous avons prouvé l'illégitimité, qui tendent à la destruction, et que pour ce motif nous nommerons négatives, la vérité de notre assertion apparaît assez d'elle-même. Il est évident que quand je veux vous faire du mal, vous m'opposez toute la résistance dont vous êtes capable; je ne peux réussir sans paralyser vos efforts; je ne triompherai qu'en vous dominant soit au moral, soit au physique; le succès en un mot est subordonné à cette condition que je sois fort, relativement à vous, sur le point où porte mon attaque. Les actions légitimes ou positives, produisent toujours un bien dans celui qui les subit. La faiblesse du patient ne peut donc être qu'un besoin; et la force de l'agent, c'est le pouvoir de donner satisfaction à ce besoin. Otez soit le besoin chez le patient, soit la force chez l'agent, et l'action deviendra impossible : vous ne trouveriez, dans le premier cas, personne pour la subir; et, dans le second, qui l'exercerait? Il résulte de là que les différentes combinaisons sociales sont fondées sur l'inégalité. Tout lien entre individus suppose un rapport de supérieur à inférieur; et si, par impossible, nous devenions un jour parfaitement identiques les uns aux autres, aucune relation ne pourrait plus exister entre nous; n'ayant rien à communiquer, personne n'agirait sur ses semblables et le mouvement humanitaire s'arrêterait. L'égalité est-ce donc une chimère? Non, on peut la définir : l'état d'équilibre entre les supériorités respectives et mutuelles de plusieurs êtres.

L'agent est poussé à agir par l'amitié, l'estime, la charité; et aussi, et surtout par l'intérêt. Car bien souvent, comme nous le montrerons plus loin, l'action a pour effet direct d'accroître simultanément les deux parties, dans leur personnalité.

Mais je suppose que l'agent se décide à imprimer l'impulsion: cela suffit-il? L'action est-elle complète? Non, il manque encore quelque chose : il faut que le patient réponde au mouvement à lui communiqué, c'est-à-dire qu'il réagisse. Chez l'homme la réaction est toujours libre ; on ne saurait la concevoir sans un acte de volonté. Voilà un grand orateur : sa parole est pleine de lumière, et son âme se répand tout entière dans ses discours ; il expose une vérité féconde. Sa conviction pénétrera-t-elle dans l'esprit de ses auditeurs ? On ne saurait le dire à *priori* : si des préventions, des préjugés, des dispositions malveillantes, des haines, des colères dominent les volontés, Démosthène lui-même ne parviendrait pas à se faire écouter. — De même qu'il y a l'action positive et l'action négative, on distingue aussi la réaction positive et la réaction négative. On me donne une maison, je l'accepte avec reconnaissance : c'est réagir positivement ; je suis docile à l'impulsion imprimée par l'agent, je fais ce qui est en moi pour la subir. Un brigand au contraire m'attaque et me vole : je résiste et proteste contre la violence qui m'est imposée ; ma réaction est négative.

Ces explications données, abordons la question juridique.

Quand une action est exclusivement positive, son caractère de légitimité apparaît d'ordinaire avec une assez frappante évidence. Mais souvent le mal s'allie au bien, et la distinction entre ce que la justice permet de faire et ce qu'elle défend devient fort difficile. Aussi de tout temps les jurisconsultes ont-ils cherché à diviser les actions, à définir les caractères essentiels de chaque catégorie, et à déterminer les modi-

fications, qu'on ne saurait légitimement leur faire
subir. Nous allons tenter à notre tour une semblable étude.

Sur quelle base fonderons-nous notre classification?
Evidemment nous devons négliger les caractères
extrinsèques, et considérer uniquement l'action en
elle-même, c'est-à-dire la modification du patient,
qui procède à la fois des deux parties. Eh bien !
il n'est pas nécessaire de réfléchir long-temps pou
reconnaître que l'effet produit se ramène toujours
à l'un des trois types suivants : ou le patient possé-
dait une puissance latente , qui a été mise en exercice ; ou bien il se présentait avec un besoin, un désir, que l'agent a satisfait, sans qu'il y ait en rien
contribué par lui-même ; ou enfin les deux parties
sont à la fois agent et patient, de telle sorte que l'action de chacune serve de réaction à celle de l'autre.
Développons ces énoncés, éclaircissons-les par des
exemples :

1° Un ouvrier manque d'argent : aura-t-il recours
à la charité du riche ? Non, un sentiment de légitime
fierté l'en empêche : il a, Dieu merci, ses bras, et,
par un apprentissage plus ou moins long, il s'est
rendu apte à produire des objets utiles. Mais, pour
travailler, des capitaux sont nécessaires ; peut-être
aussi son état exige-t-il le concours de nombreux
coopérateurs, et il ne possède ni la science, ni le talent indispensables pour diriger une exploitation. Il
a donc besoin qu'un autre vienne féconder sa puissance de production. Apparaît le patron, qui attire

à lui les travailleurs, et les met en état d'exercer leur talent. — Un homme possède de la monnaie en abondance; mais il n'a rien autre chose. Sans vêtements, sans vivres, sans logement, à quoi lui servirait tout son or ? Il appelle à lui le boulanger, le boucher, le tailleur : afin que ceux-ci transforment en objets utiles l'argent qu'il possède. — Que voyons-nous dans ces deux espèces ? une seule chose : l'agent met en exercice une puissance (puissance de production, puissance de consommation) qui appartient au patient. Celui-ci est donc obligé de faire un certain effort : pour ce motif nous dirons que l'action est onéreuse. C'est notre premier cas.

2° Dans le second, le patient ne se présente plus avec une puissance, qui, développée, donnerait satisfaction à ses besoins. Non, il n'offre au patient qu'une pure faiblesse, qu'un absolu dénûment : il ne facilite en rien l'action. Celle-ci, nous la nommerons gratuite. Un de mes amis désire un cheval, je le lui donne ; je recommande un honnête homme, qui désire un emploi, et mon influence le fait réussir. Voilà des actions gratuites : le patient n'apportait aucune puissance qui demandât à être mise en exercice.

3° Supposons que les deux parties aient une puissance à développer, et que chacune mette en exercice celle de l'autre : nous aurons deux actions onéreuses distinctes. Ce n'est point encore notre troisième cas : il faudrait qu'elles fussent confondues de manière à n'en plus faire qu'une. Comment cela est-il possible ? J'ai une maison, mais je voudrais à la place un cheval, et je cherche quelqu'un pour opérer cette transformation ; vous, vous possédez un cheval et désirez une maison. Un échange s'opère entre nous : quel est l'agent ? quel est le patient ? Je vous ai modifié, donc je suis agent ; j'ai été modifié, donc je suis patient ; de même vous. Nous avons joué simultanément le rôle d'agent et de patient. L'action est unique, puisque le mouvement imprimé en moi est inséparable de celui que vous avez subi. Elle se distingue des précédentes par la duplicité de l'agent et du patient. Nous le qualifierons de réciproque.

Reconnaissons donc trois classes d'actions légitimes ou positives : 1° les actions onéreuses, 2° les actions gratuites, 3° les actions réciproques.

Reprenons la définition de chaque groupe, et appliquons-lui notre principe général : nous en tirerons des conséquences aussi rigoureuses que les déductions mathématiques, et nous obtiendrons ainsi les règles essentielles, sans lesquelles l'action deviendrait injuste.

Ire classe : Actions onéreuses. — Si l'action onéreuse est légitime, si elle produit une augmentation dans la personnalité du patient, c'est qu'une puissance est fécondée, et que toute puissance fécondée procure un bien à son possesseur. Otez ce dernier effet, et l'action onéreuse, loin d'être utile à celui qui la subit, restreindra son moi, en usant au moins partiellement une de ses facultés. Cette observation nous permet de formuler le principe suivant :

Dans l'action onéreuse, le dévelopement de sa puissance doit profiter complétement au patient.

La proposition développée donne les deux énoncés suivants :

1° *L'agent ne saurait profiter de sa supériorité pour s'attribuer la moindre fonction de la puissance appartenant au patient.*

2° *L'agent ne saurait donner une direction infructueuse à la puissance du patient.*

Expliquons successivement l'une et l'autre règle.

1° *L'agent, disons-nous, ne saurait profiter de sa supériorité pour s'attribuer la moindre fonction de la puissance appartenant au patient.* Comprenons bien cette formule. Nous ne disons pas qu'il est illicite de s'enrichir, par suite des actions qu'on exerce. Ce serait absurde ; la plupart du temps l'agent est mû par son intérêt personnel, et le plus sévère moraliste ne saurait trouver là rien de répréhensible. Ainsi un entrepreneur fait travailler des ouvriers, aux labeurs desquels il mêle ses propres efforts. Ses peines obtiennent une large rémunération : quoi de plus naturel ? quoi de plus légitime ?

Mais jamais on n'a le droit de détourner, soit en totalité, soit partiellement, le bien produit par la puissance qu'on a mise en acte chez autrui : voilà ce que nous soutenons. Pour prendre toujours le même exemple, si un patron, sous prétexte qu'il a rendu service à ses ouvriers en leur procurant de

l'ouvrage, prétendait retenir une partie de la valeur
créée par leur travail, il commettrait une flagrante
injustice. C'est comme s'il leur disait : « Je vais
vous employer, mais tous les mois vous m'abandon-
nerez ce que vous aurez produit pendant trois jours ;
autrement je ne vous garderai pas chez moi. » En
même temps qu'il mettrait en exercice une partie
de leur puissance, il s'attribuerait l'autre à lui-même.
Or une telle appropriation ne résulte évidemment
pas de l'action onéreuse, qui a ce but unique : accroître la personnalité du patient par le développement
de ses facultés : quelle est donc son origine ? Pro-
vient-elle d'une nouvelle action, d'une action gratuite, dans laquelle l'ouvrier jouerait à son tour le rôle
actif ? Mais alors pourquoi la dissimuler ? Pourquoi
l'introduire subrepticement à la faveur de la première ?
Et comment admettre que le pauvre ait l'idée de
se dépouiller ainsi, en faveur du riche ? Non, les
circonstances montrent assez que le patron n'est pas
devenu patient ; il ne reçoit point un don, il l'arrache.
Il emploie à faire accepter une oppression la supériorité qui lui a été donnée pour protéger. C'est un
abus de la force, c'est une violation du droit.

3° Nous avons déjà énoncé la seconde règle des
actions onéreuses : *l'agent ne saurait donner une direction infructueuse à la puissance du patient.*

Cette proposition est évidente par elle-même.
C'est l'agent qui dirige, pour les mettre en exercice,
les puissances du patient, dont le rôle est purement
passif. Il diminuerait donc la personnalité qu'il doit

accroître, si le résultat de l'action demeurait stérile : car des forces seraient dépensées en pure perte par celui qui la subissait. — Un entrepreneur fait un mauvais emploi de ses ouvriers; il applique leurs efforts à la fabrication d'objets qui ne sauraient se vendre. Il est clair qu'il doit supporter seul la peine de son impéritie, et que les travailleurs ne peuvent en souffrir. C'est même en grande partie pour cette raison que les salaires sont payés au moyen d'argent. Les produits ont été créés par la collaboration du patron et des ouvriers; il semblerait qu'un partage dût s'opérer en nature. Mais, s'il en était ainsi, on arriverait à cette conséquence inique, que l'utilité de l'action serait aux risques du patient. Le travail de celui-ci doit lui procurer une puissance de consommation en rapport avec l'état industriel du pays : qu'il la perçoive sous forme de monnaie, c'est pour lui le seul moyen de n'être point frustré.

3° Plaçons-nous maintenant au point de vue passif. Soit un homme, qui, poussé exclusivement par son intérêt personnel, exerce l'action onéreuse : un autre consent à la subir. Je dis que le second doit rendre complétement utile le mouvement imprimé par le premier; en d'autres termes, que la réaction doit égaler l'action quant à son intensité. Le motif de cette décision est fort simple. L'agent a pour but d'utiliser ses facultés en les associant à celles d'autrui. Toutes les forces qu'il déploie, il compte qu'elles seront productives. Si le patient en laissait perdre une partie, sa personnalité serait restreinte.

Posons donc cette troisième règle : *Quand l'agent exerce l'action onéreuse dans son propre intérêt, la réaction doit égaler l'action.*

Résumons-nous. L'action onéreuse a pour but de mettre en exercice une puissance inhérente au patient. — L'agent ne saurait profiter de sa supériorité pour s'attribuer la moindre fraction de la puissance appartenant au patient. — L'agent ne saurait donner une direction infructueuse à la puissance du patient. — Enfin, dans toute action onéreuse, la réaction doit être égale à l'action.

II° classe : Actions gratuites. — Ce qui distingue l'action gratuite de l'action onéreuse, c'est que, dans le premier cas, il y a une puissance à développer chez le patient, et que celui-ci se présente dans le second avec un besoin, sans offrir aucun moyen de le satisfaire. De là résulte une différence considérable : celui, qui exerce une action peut sans injustice en retirer un profit. Il combine ses efforts avec ceux du patient, et les rend féconds par cette association. Il n'en saurait être ainsi dans l'action gratuite : comment en effet l'agent parviendrait-il à s'enrichir par le soulagement d'une indigence ? Comment ses puissances productives seraient-elles mises en exercice par une action qui, loin de les aider, ne peut que les consommer ? Non, si sa personnalité est accrue, ce ne peut être qu'aux dépens du patient, ce ne peut être qu'illégitimement.

Voici par conséquent la règle active en cette matière : *L'agent ne peut jamais s'enrichir par l'effet d'une action gratuite.*

Quelle doit être maintenant la nature de la réaction ? L'agent exerce un acte de bienfaisance. A tout bienfait il faut que la reconnaissance corresponde. Voilà sur quel motif est fondée la disposition du Code civil qui révoque les donations pour cause d'ingratitude.

IIIe classe : Actions réciproques. — Pierre sait faire des tables, mais il aurait besoin de rédiger un acte sous seing privé et ignore comment il faut s'y prendre. Paul, au contraire connaît très bien les affaires, mais il désirerait une table. Tous deux se rapprochent : le premier construit une table pour le second, et celui-ci rédige un acte pour celui-là. Chacun d'eux voit sa puissance mise en exercice et employée à la satisfaction de son désir par l'autre. C'est une action réciproque.

L'action réciproque doit être considérée comme une action onéreuse à double face ; car, comme nous l'avons dit, chacune des parties par son action réagit à l'action de l'autre. Ainsi nous pouvons dire que la puissance de Pierre a été mise en acte et rendue utile par Paul ; ou bien que la puissance de Paul a été mise en acte et rendue utile par Pierre. La puissance de Pierre a été mise en acte et rendue utile par Paul. C'est une action onéreuse exercée par l'agent dans son intérêt personnel : donc la réaction doit égaler l'action. Mais la réaction, c'est l'action que Pierre exerce sur Paul. J'en conclus que les actions réciproques sont soumises à la règle suivante : *Il doit y avoir égalité entre les actions des diverses parties.* Quelle égalité entendons-nous ? En nous reportant à ce que nous avons dit des actions onéreuses, nous voyons que notre formule veut dire ceci : Le résultat obtenu par les différentes parties doit être identique quant à sa valeur; ou, en autres termes, la lésion vicie toujours les actions réciproques. Comme nous l'avons vu au chapitre I, Turgot rejette ce principe; mais nous avons aussi montré sur quels étranges sophismes il appuie son opinion; et c'est avec toutes les législations que nous sommes contre lui.

Les deux règles actives des actions onéreuses sont évidemment applicables à tous ceux qui figurent dans une action réciproque; mais nous n'avons pas besoin de les énoncer à part; car elles sont comprises dans celle que nous venons de donner. Si en effet chacun, dans l'action réciproque est obligé d'agir également, personne assurément ne saurait s'approprier ou employer inutilement une partie de la puissance appartenant à autrui.

VI.

Si, au lieu du but restreint que nous avons en vue, nous prétendions exposer le droit privé, nous subdiviserions les trois grandes classes d'actions en groupes, en genres, en espèces, particularisant toujours ainsi de plus en plus notre principe général. Mais nous sommes obligés de nous borner à ce qui est strictement nécessaire; et, pour terminer ce chapitre, nous nous contenterons de dire quelques mots relativement aux contrats.

Il est des actions, que le patient ne peut refuser de subir sans injustice: ainsi l'enfant ne saurait se soustraire à l'éducation que veut lui donner son père; car ce serait restreindre la personnalité de celui-ci, mettre obstacle à l'exercice de sa paternité. Mais d'ordinaire la réaction est en droit privé aussi libre que l'action; l'agent ne pourrait imposer le bien qu'il veut faire sans comprimer la volonté du patient, c'est-à-dire sans commettre l'injustice. Dans ce cas, l'action, pour être légitime, doit suivre ou accompagner un concours de volontés ; il faut que l'agent veuille imprimer l'impulsion, et que le patient consente à la subir. Il y a donc l'action morale et l'action matérielle.

Mais supposez que le concours des volontés existe à l'exécution : vous aurez alors un contrat. — Le contrat, c'est le concours des volontés, antérieur à l'action elle-même.

Le contrat une fois conclu, je dis que les parties sont obligées l'une d'agir, l'autre de réagir. Comment en serait-il autrement ? Les volontés de l'agent et du patient se sont légitimement portées vers un certain objet ; on ne saurait les en écarter sans diminuer leur moi; or c'est précisément ce qui arriverait si l'un des contractants empêchait la convention de produire son effet. Cela est évident et n'exige aucun développement.

Si l'une des parties refuse de remplir ses engagements, l'autre cesse d'être obligée. Est-ce l'agent ? comment le patient répondrait-il à une impulsion qui n'est pas imprimée en lui ? Est-ce le patient ? comment les efforts de l'agent aboutiraient-ils sans son concours ?

Ce qui précède nous montre que la théorie des contrats se confond à peu près avec celle des actions. Nous en concluons qu'un contrat ne saurait être légitime si l'action à laquelle il correspond ne l'est point, et que la classification est absolument la même.

Maintenant, qu'on nous présente une action ou un contrat, et qu'on nous demande si elle est juste : nous ne serons plus embarassés : nous chercherons à quelle classe elle appartient, et nous adapterons facilement les règles que nous avons exposées.

C'est de cette manière que nous allons, dans le prochain chapitre, étudier le prêt à intérêt.

CHAPITRE V

LA QUESTION DE L'INTÉRÊT ET DE L'USURE, RÉSOLUE CONFORMÉMENT AUX PRINCIPES EXPOSÉS.

Sommaire. — I. Division de ce chapitre. — II. Mise en exercice d'un capital. — III. Mutuum. — IV. Conclusion de la première partie.

I.

Les principes sont posés : il faut maintenant les appliquer à la question de l'intérêt et de l'usure.

Si nous suivions l'idée qui se présente tout d'abord à l'esprit, nous prendrions la première hypothèse venue de prêt à intérêt, nous chercherions dans quel groupe d'actions on doit la comprendre, nous lui appliquerions les règles exposées et nous en tirerions des conséquences générales pour notre matière. Mais la conclusion de nos trois premiers chapitres nous interdit absolument de procéder ainsi. Lorsque nous discutions l'opinion de saint Thomas d'Aquin et de Pothier, nous avons reconnu que l'argument invoqué par ces hommes illustres était rigoureux dans certains cas, et que dans d'autres il ne présentait aucune application possible. Nous avons vu de même que les raisons purement utilitaires des économistes étaient tantôt vraies, tantôt fausses, suivant l'espèce considérée. Il y aurait dont imprudence très-grande à ne raisonner que sur un seul exemple. Nous en choisirons deux : le premier sera emprunté aux auteurs modernes, et le second aux anciens philosophes. De cette manière, en même temps que nous résoudrons cette question, nous expliquerons la cause des divergences qui existent entre les plus éminents écrivains.

II.

Un entrepreneur et un capitaliste se trouvent en présence : quelle action est possible ?

On ne saurait répondre, si l'on ne possède une notion exacte du capital.

Qu'est-ce donc que le capital ?

Les économistes distinguent deux sortes de capitaux : Il y a le capital fixe et le capital circulant. « Le premier comprend, dit M. Brandillard, les » instruments par lesquels le travail s'exerce ; le » second se compose au contraire des matières sur » lesquelles le travail s'exerce. »

« Au capital fixe appartiennent, suivant Adam » Smith : 1° Toutes les machines utiles, ou instru- » ments de métier, qui facilitent et abrégent le » travail. 2° Tous les bâtiments destinés à un objet » utile et qui sont des moyens de revenu, non-seu- » lement pour le propriétaire qui en tire un revenu, » mais même pour la personne qui les tient et qui » en paye le loyer ; tels que les boutiques, les maga-

» sins, les ateliers, les bâtiments d'une ferme avec
» toutes leurs dépendances nécessaires (étables,
» granges, etc). Ces bâtiments sont fort différents
» des maisons purement habitables ; ce sont des
» espèces d'instruments de métier. 3° Les améliora-
» tions des terres.

» Le capital circulant comprend : 1° Le fonds des
» vivres qui est en la possession des bouchers,
» nourrisseurs de bestiaux, fermiers, marchands de
» blé, brasseurs, et de la vente desquels ils s'atten-
» dent à tirer un profit. 2° Ce fonds de matières, ou
» encore tout à fait brutes, ou déjà plus ou moins
» manufacturées, destinées à l'habillement, à l'a-
» meublement et à la bâtisse, qui ne sont prépa-
» rées sous aucune de cés trois formes, mais qui
» sont encore entre les mains des producteurs, des
» manufacturiers, des merciers, des drapiers, des
» marchands de bois en gros, des charpentiers, des
» menuisiers, des maçons. 4° L'ouvrage fait et par-
» fait, mais qui est encore entre les mains du mar-
» chand ou du manufacturier et qui n'est pas encore
» distribué à celui qui doit en user ou le consom-
» mer, tels que ces ouvrages tout faits, que nous
» voyons surtout exposés dans les boutiques du
» serrurier, du menuisier en meubles, de l'orfévre,
» du joaillier, du faïencier, etc. »

Quel est le rôle du capital ? Consultons encore les
auteurs :

Adam Smith : « Le but du capital est ou d'aug-
» menter les forces productives du travail, ou de

» mettre le même nombre d'ouvriers en état de
» fournir une plus grande somme d'ouvrage. Le
» même nombre d'hommes et d'animaux, employés
» aux travaux de deux fermes également étendues
» et fertiles, mais inégalement entretenues, donnera
» à celle dont tous les bâtiments utiles, et les
» haies, et les fossés, et les communications se
» trouvent dans un état de perfection relative, l'a-
» vantage d'un produit annuel éminemment supé-
» rieur. »--J.-B. Say : « Le concours du fonds capital
» et du fonds de terre sont tout aussi indispensables
» pour la production que le concours des facultés
» industrielles. » — Ricardo : « Il est certain que
» même, dans l'état primitif des sociétés, dont
» parle Adam Smith, le chasseur sauvage a besoin
» d'un capital quelconque, créé peut-être par lui-
» même, pour avoir les moyens de tuer le gibier. »
— Rossi : « Le capital est cette portion de la richesse
» créée, qui est destinée à la reproduction. » —
M. John Stuart Mill : « Le capital, c'est cette partie de
» ce qu'on possède, sous quelque forme que ce soit,
» qu'on destine à concourir à une production nou-
» velle. » —. M. Guillaume Roscher : « Nous appe-
» lons capital tout produit consommé pour servir à
» la production. »

Il serait facile de multiplier les citations : tous les
économistes s'accordent à considérer le capital
comme une puissance productive, qui travaille et
gagne son salaire. Ce point de vue n'a du reste rien
pour étonner : qu'est-ce au fond que produire ?

qu'est-ce que travailler? Étudiez les actions si diverses exercées par les ouvriers, et vous reconnaîtrez bientôt que tous leurs efforts tendent à ce but unique : circonscrire les forces naturelles et leur imprimer une direction utile. Or c'est justement là le rôle du capital. On en demeurera convaincu, pour ce qui est du capital fixe, si l'on veut bien se reporter à l'énumération donnée plus haut. Relativement au capital circulant, un mot d'explication ne sera peut-être pas inutile.

Il s'agit de savoir si les matières sur lesquelles le travail s'exerce restent complétement inertes entre les mains de l'ouvrier, si elles n'apportent dans la production que leur valeur à l'état brut. Poser une semblable question, c'est presque la résoudre. Tout corps a certaines propriétés, certaines tendances, j'allais dire certaines facultés, dont l'homme, malgré toute sa supériorité, ne saurait faire abstration : le travailleur se contente de diriger les puissances qui s'offrent à lui, et l'on peut dire que, dans toute son œuvre industrielle, les objets physiques se modifient eux-mêmes sous l'action des ouvriers ; ce sont comme des machines opérant sur elles-mêmes.

Complétons la notion du capital, en signalant un autre caractère. Le capital, ce n'est pas tel ou tel bien matériel, c'est une valeur qui prend différentes formes et subit nécessairement plusieurs métamorphoses avant d'avoir accompli son œuvre. Dans une filature, par exemple, on emploie en même temps des machines, qui avec des réparations durent un très-grand nombre d'années, et du lin qui sert une seule fois, qui est complétement absorbé par une première opération. Le fil obtenu représente à la fois les efforts de l'homme, le lin employé et le travail qu'il a effectué, l'usure des machines et leur perfectionnement : voilà ce qu'il a coûté, voilà ce qu'il vaut. Dans le prix, outre le salaire des ouvriers et le profit de l'entrepreneur, on doit retrouver avec un accroissement la valeur de la matière première dépensée, et de plus ce qui est nécessaire pour rétablir les appareils dans leur intégrité avec le produit de leur travail. Donc le capital subit une évolution assez compliquée, variant du reste avec sa nature. Est-ce le circulant? Nous le voyons d'abord à état d'espèces monnayées, puis il se transforme en lin, devient fil, et nous le retrouvons enfin sous forme d'argent, mais considérablement augmenté, *crevit eundo*. Est-ce le capital fixe? Il cesse bientôt d'être monnaie pour s'incorporer dans des objets durables, qui donnent un revenu et se reproduisent eux-mêmes en un laps de temps plus ou moins long.

Reprenons maintenant notre hypothèse.

Les notions que nous venons de rappeler démontrent suffisamment la possibilité d'une action onéreuse entre le capitaliste et l'entrepreneur. Le premier se présente avec une force que le second mettra en exercice : il jouera donc le rôle du patient.

Mais peut-être ici pourrait-on nous faire une ob-

jection et nous dire : « C'est le capitaliste qui joue le
» rôle actif, car sans son concours l'entrepreneur
» se verrait réduit à la plus complète impuissance :
» il aurait beau s'entourer des plus habiles ouvriers,
» quels que soient sa science et son talent, il ne pour-
» rait absolument rien produire. »

Ces raisons ne nous semblent pas concluantes :
à quel caractère reconnaît-on l'agent dans une
action onéreuse ? Evidemment c'est lui qui dirige la
puissance du patient. Or de l'entrepreneur et du
capitaliste, quel est celui qui conduit à son gré les
forces de l'autre ? Il n'est pas besoin de le demander : comprendrait-on un industriel qui prendrait
l'engagement de consulter son prêteur en tout,
qui lui demanderait quels produits doivent être fabriqués, et quelle quantité d'objets sera livrée à la
consommation, quelle forme on leur donnera ? Mais
ce serait son anéantissement : il descendrait au rang
de simple commis.

La question est maintenant posée avec une grande
netteté. Nous avons à étudier une action onéreuse
spéciale, que nous appelons mise en exercice du
capital. Nous connaissons l'agent et le patient. Reprenons les règles générales, qui ne peuvent être
enfreintes sans injustice, dans une action onéreuse
quelconque, et appliquons-les à notre espèce.

1re règle. Dans une action onéreuse, l'agent ne
saurait sans injustice tourner à son profit la moindre
fraction de la puissance appartenant au patient.

La puissance du patient : qu'est-ce ici ? C'est le

capital qui s'accroît quand on le met en exercice. Supposez que l'entrepreneur retienne en partie ou en totalité la valeur créée dans son exploitation par le travail du capital : il tourne à son profit la puissance du capitaliste, il commet l'injustice.

Ces quelques lignes comprennent la théorie tout entière de l'intérêt. Si l'on nous demande une définition, nous dirons : *L'intérêt, c'est l'accroissement qu'a pris un capital employé productivement dans une exploitation.*—Si l'on nous interroge sur le taux, *nous répondrons qu'après chaque campagne industrielle, l'entrepreneur doit remettre au bailleur de fonds la valeur créée par le travail de son capital.*

Mais quelle est précisément cette valeur ? La question est très-importante. L'entrepreneur a un besoin absolu de savoir ce qu'il est obligé de donner, et le capitaliste ce qu'il peut réclamer.

M. Marin Darbel, dans un livre plein d'érudition, résout ainsi la difficulté : « La fixation de l'intérêt à » 5 0/0 par an paraît être le résultat d'une déter» mination instinctive, qui trouve son motif d'exis» tence dans la proportion annuelle du travail total » produit par un homme et par tous les hommes en » général. L'argent représente une partie du travail » d'un homme. Cette partie du travail d'un homme, » identifiée avec la nature de l'homme qui l'a ef» fectué, doit produire à peu près le bénéfice qu'au» rait produit le travail de l'homme lui-même. Chacun » a la liberté d'estimer son travail, celui d'un in» stant donné, de tous les instants de sa vie pendant

» qu'il est vivant, à tel prix que bon lui semble. Les
» autres sont libres d'accueillir ou de rejeter cette
» estimation, suivant leur appréciation. Mais il est une
» valeur positive du travail de l'homme sur laquelle
» ni les uns ni les autres ne peuvent errer, qu'il
» n'est pas en leur pouvoir de changer : c'est celle
» de sa vie entière, quand sa vie est close. Cette va-
» leur totale est finie, achevée ; elle ne peut être aug-
» mentée. Un homme a valu économiquement parlant
» ce qu'il a gagné pendant la durée de son existence,
» et l'on peut établir en moyenne que son gain an-
» nuel a été le résultat de cette somme totale, divisée
» par le nombre d'années pendant lesquelles il a tra-
» vaillé.... Si l'on assemble les vies d'un grand nom-
» bre d'hommes, on verra que la moyenne de leurs
» années de travail, limitées par des causes nom-
» breuses et diverses ne dépasse, pas dans les temps
» ordinaires plus d'une vingtaine d'années : le bé-
» néfice fait pendant la vie entière doit donc être
» réparti sur ces vingt ans, c'est-à-dire que le bé-
» néfice d'une année est de $\frac{1}{20}$ de la somme totale, ce
» qui équivaut à 5 0/0. Le travail d'une somme d'ar-
» gent a toute analogie avec celui d'un homme qui
» a cessé de vivre. Dans l'un et l'autre cas, celui-ci
» n'est plus là pour présider à l'emploi de son tra-
» vail. Sa présence et son activité requerraient
» une rémunération autre que celle attribuée au seul
» capital, dont les produits ne peuvent être simi-
» laires, par rapport à la quotité des bénéfices,
» qu'avec ceux d'une vie de travail qui est terminée.

» En un mot, il y a parité entre le gain annuel d'un
» homme, supputé après sa mort au vingtième de
» celui de toute sa vie, et le bénéfice, l'intérêt que
» doit rapporter un capital, c'est-à-dire un travail
» économisé par lui, laissé en dehors de sa vie ac-
» tive, et venant s'ajouter à celui de sa vie entière.
» Ce bénéfice ne peut être comme celui du travail de
» sa vie, auprès duquel il vient se ranger, que de $\frac{1}{20}$
» par année, ou 5 0/0. »

Ces remarques ne laissent pas que d'être fort in-
génieuses; mais elles ne sauraient nous séduire.
M. Marin Darbel a le tort de considérer l'intérêt comme
invariable, quand il est bien démontré que la puissance productive des capitaux est plus ou moins
grande, suivant l'état industriel, et que d'ailleurs
tout emploi n'est pas également fécond en un même
temps.

Les économistes ne sont pas tombés dans le même
défaut; mais les bases sur lesquelles ils veulent fonder
l'évaluation de l'intérêt ne nous en paraissent pas
plus solides. Nous trouvons un excellent résumé de
leur système dans les leçons de M. Batbie, à qui nous
cédons la parole : « Quand on analyse l'intérêt des
» capitaux et la manière dont il se compose, voici
» les éléments que l'observation découvre. Premiè-
» rement le prêteur demande à être indemnisé de la
» privation qu'il éprouve par suite de l'emprunt.
» S'il ne le prêtait pas, il pourrait le faire valoir lui-
» même, en l'appliquant à quelque opération pro-
» ductive. Il n'est pas juste qu'il se prive gratuitement

» d'un capital qui pourrait être productif dans ses
» mains, et qui le sera certainement dans celles de l'em-
» prunteur... Le deuxième élément qui influe sur le
» taux de l'intérêt, consiste dans le risque que court le
» capital. Tous les emprunteurs ne sont pas également
» solvables, et les chances de remboursement varient
» suivant la personne qui reçoit le prêt. Aussi le prêteur
» demande-t-il une somme qui représente le risque
» couru par le capital.... Le risque ne tient pas à la
» position de la personne; souvent il vient de là dé-
» fiance qu'inspire la situation politique. » — Si l'on
se bornait à constater que le taux de l'intérêt est en
réalité réglé par la concurrence, que l'intensité de
la demande est subordonnée à l'énergie des services
rendus par les capitaux, et que les exigences des
prêteurs s'accroissent quand les emprunteurs paraissent peu solvables, nous n'aurions absolument
rien à objecter. Mais on veut élever cet état de choses
à la hauteur d'un principe juridique, et voilà ce que
nous ne pourrons jamais admettre. C'est encore
cette doctrine du fait accompli que nous avons déjà
plusieurs fois combattue, et que nous ne saurions repousser avec assez de force. Nous avons établi que la
mise en exercice du capital était une action onéreuse,
que les fonds livrés à l'entrepreneur s'accroissaient
entre ses mains, et que tout ce qu'ils avaient produit
appartenait au capitaliste. Il faut en conclure : 1° que
l'intérêt trouve sa raison d'être non dans la privation
subie par le prêteur, mais bien dans l'action exercée
par l'emprunteur; 2° que si la solvabilité de l'em-

trepreneur ne fait rien à la puissance productive des capitaux, elle ne saurait non plus influer sur le taux de l'intérêt. Or personne assurément ne s'aviserait d'avancer que les fonds fructifient mieux dans les mains des entrepreneurs insolvables qu'en celles des autres. Mais, allègue-t-on, si je prête à un homme qui n'offre pas de garanties suffisantes, je risque de perdre : n'est-il pas juste que, pour rétablir l'égalité, je stipule une prime d'assurances? Nous avouons en toute humilité ne comprendre absolument rien à cet argument. On consent un contrat d'assurances afin d'avoir droit à une indemnité dans le cas où l'on éprouverait tel ou tel accident dont on est menacé. Mais concevrait-on un assureur qui promettrait une indemnité à l'assuré pour le cas seulement où celui-ci ne subirait aucune perte? Eh bien! c'est précisément ce qui arriverait dans notre espèce, le prêteur recevant son intérêt alors seulement que l'emprunteur ne devient pas insolvable. Peut-être entendons-nous mal l'opinion de nos adversaires : on veut dire apparemment que, dans le prêt à intérêt il y a une sorte d'aléa. Mais s'il en était ainsi, l'entrepreneur serait déchargé de toute obligation dans le cas où ses affaires deviendraient mauvaises, et nous ne serions plus en présence que d'une société de gain et de perte.

Comment donc parvenir à fixer le taux de l'intérêt? La question doit se poser de la manière suivante : Étant donnée telle ou telle entreprise, dans telles circonstances connues, dire le rapport existant entre le travail de l'homme et celui du capital, par conséquent la part revenant à l'un et à l'autre dans les profits. Il faudrait établir une formule algébrique se prêtant à l'étude de tous les cas possibles. Des économistes mathématiciens l'ont essayé ; mais leurs efforts n'ayant pas abouti, on semble croire aujourd'hui que toute nouvelle recherche demeurerait infructueuse. Nous ne sommes pas de ce sentiment, mais nous n'en savons pas davantage lever la difficulté.

Si, dans l'état actuel des choses, il est impossible de donner une solution scientifique, ce n'est pas à dire que prêteurs et emprunteurs soient abandonnés sans guide quand ils contractent. Il existe une règle pratique très-sûre pour ceux qu'anime l'esprit de justice. Nous n'aurons pas de peine à le démontrer.

Supposons que capitalistes et entrepreneurs soient placés les uns en face des autres dans des conditions parfaitement égales : chacun combattra pour son intérêt personnel avec une même ardeur. Dans cette lutte pacifique, succombera nécessairement toute prétention excessive ; et l'intérêt que fixeront librement les parties se confondra à peu près avec l'intérêt légitime. — Mais il est bien rare que les choses se passent avec une telle équité. D'ordinaire l'un des contractants se trouve dans une situation dominante par rapport à l'autre, et abuse indignement de sa supériorité pour obtenir des conditions trop avantageuses. Le prêteur est-il le plus fort, on voit l'intérêt s'élever sans mesure pour descendre au plus bas dans le cas contraire. Les parties oscillent dans leurs transactions autour de l'intérêt légitime, point fixe qu'elles dépassent tantôt d'un côté, tantôt de l'autre, sans jamais s'y arrêter.

Cela étant, si l'on tient à se conduire équitablement, on devra dans chaque espèce particulière se poser les deux questions suivantes : 1° Quelle est la puissance productive des capitaux dans les entreprises analogues à celles que l'on a en vue? 2° Y a-t-il des raisons pour croire que, dans l'hypothèse où l'on est placé, les capitaux rapporteront plus ou moins ?

Pour résoudre la première, il suffira de regarder autour de soi : on verra sans peine à travers les conventions ordinaires les arrangements que la justice exigerait ; pour reprendre la métaphore que nous employions tout à l'heure, les oscillations en sens inverse indiqueront à peu près le point fixe. Quant à la seconde question, elle n'offre vraiment pas de difficultés sérieuses. Ces deux points éclaircis, on aura tous les éléments nécessaires à la détermination de l'intérêt légitime.

2° Passons à la seconde règle. — *Dans une action onéreuse, l'agent ne saurait donner une direction infructueuse à la puissance du patient.*

Ce principe doit être traduit ainsi en notre matière : L'entrepreneur, alors même qu'il ne réussirait pas, et, au lieu d'obtenir des profits, subirait les plus graves pertes, n'en serait pas moins tenu de payer au capitaliste l'intérêt dont les fonds employés auraient dû s'accroître. — C'est en cela précisément que la mise en exercice du capital diffère de la société, action réciproque, dont la nature est toujours plus ou moins aléatoire.

3° règle. — *La réaction doit égaler l'action.*

Cette troisième règle, appliquée à la mise en exercice du capital, veut dire deux choses :

Premièrement, le capitaliste doit fournir à l'entrepreneur assez de fonds pour produire l'intérêt qu'il perçoit. Ceci ne demande aucune explication.

Secondement, le capitaliste doit faire ce qui est en lui pour que l'entrepreneur puisse sans obstacles rendre les fonds productifs. — Or, à quelles conditions un industriel fait-il fructifier les fonds à lui confiés ? Nous avons très-longuement résolu cette question : il faut qu'il leur fasse subir divers changements de forme; que, s'il les a reçus sous l'apparence d'espèces monnayées, il les transforme en machines ou en matières premières, pour les retrouver objets fabriqués, puis argent. — Donc le prêteur doit donner un droit de propriété complète à l'emprunteur sur les choses dans lesquelles est incorporé son capital. On a souvent dit : «L'intérêt est illégitime, » parce que la propriété de l'objet prêté est transférée » à l'emprunteur. » Nous, nous répondons : « Si la » propriété n'était pas transférée à l'emprunteur, le » capital ne saurait devenir productif, et l'intérêt ne » serait pas possible. »

III

Passons à la deuxième espèce que nous avons annoncée.

Un petit cultivateur voit sa récolte complétement détruite par la grêle. Il s'adresse à son voisin, et lui emprunte une somme, qu'il parviendra à économiser en trois ans sur les produits de son champ.

Quelle est la nature de l'action exercée ? Nous voyons d'un coté l'indigence, le besoin, et de l'autre la puissance. Le cultivateur ne se présente pas à moi avec une force à mettre en acte, mais avec un pur dénûment. C'est le cas d'une action gratuite : il est patient, moi je suis agent. *L'agent ne peut jamais s'enrichir par l'effet d'une action gratuite.* — Donc, dans notre hypothèse, le prêteur ne saurait retirer aucun avantage matériel du prêt ; je ne puis légitimement exiger des intérêts.

Nous voyons que, sous la dénomination de *mutuum*, on confond d'ordinaire deux contrats fort différents régis par des règles contraires : dans l'un, le prêteur est agent, dans l'autre patient. Ceci nous explique comment la question de l'intérêt et de l'usure a été si longtemps et si infructueusement débattue. Les partisans de deux opinions extrêmes avaient les uns et les autres raison à leur point de vue : mais, n'argumentant que sur une seule espèce, ils ne pouvaient guère comprendre les preuves de leurs adversaires. Pour résoudre complétement la question, il fallait s'adresser aux principes mêmes de la science juridique. C'est ce que nous avons essayé.

Reste un point à élucider.

Reprenons l'espèce que nous venons d'examiner. Le prêteur, je suppose, pour obliger l'emprunteur, a déplacé son argent ou manqué un emploi avantageux; il est en un mot dans le cas du *lucrum cessans* ou du *damnum emergens*. N'a-t-il pas le droit de se faire donner un intérêt, qui l'indemnise? Pourquoi non? En agissant ainsi, il ne s'enrichit pas, il évite seulement de s'appauvrir, par conséquent il ne viole point la règle des actions gratuites.

Cette observation semble rendre inutile à notre époque la distinction que nous avons faite contre le *mutuum* et la mise en exercice du capital. Les placements d'argent sont si faciles aujourd'hui, qu'on ne thésaurise guère, et que toute somme prêtée eût été employée productivement. C'est en effet le cas général. Mais il peut arriver que l'on donne en *mutuum* un argent destiné d'abord à être dépensé, et alors on ne saurait réclamer des intérêts.

IV

Nous avons dit que le contrat, c'était le concours de volontés précédant l'action, et qu'il y avait identité entre les règles de l'action et celles du contrat correspondant. Appliquons donc au contrat de prêt ce que nous avons dit sur l'action de prêt : de la sorte nous nous trouverons à la fois résumer notre chapitre et le compléter.

1° Il y a deux contrats de prêt distincts, que l'on confond ordinairement : le *mutuum* et la mise en exercice du capital.

2° Le *mutuum* est un contrat gratuit.

3° Dans le contrat de *mutuum*, le prêteur joue le rôle d'argent, et l'emprunteur celui de patient.

4° Le contrat de *mutuum* ne saurait donner lieu à aucune stipulation d'intérêts, sauf dans les cas de *lucrum cessans* ou de *damnum emergens*.

5° La mise en exercice du capital est un contrat onéreux.

6° Dans le contrat de mise en exercice du capital, l'agent c'est l'emprunteur, le patient c'est le prêteur.

7° Le contrat de mise en exercice du capital doit procurer un profit au prêteur. L'emprunteur s'oblige à faire fructifier les fonds qui lui sont confiés.

8° L'intérêt ne saurait être arbitraire. Les parties doivent l'établir d'après la puissance-productive des capitaux à l'époque où elles contractent.

DEUXIÈME PARTIE

DROIT POSITIF

CHAPITRE Ier.

LES PRINCIPES GÉNÉRAUX DU DROIT RATIONNEL PUBLIC, APPLIQUÉS A L'INTÉRÊT ET A L'USURE.

SOMMAIRE. — I. Communistes et Individualistes. — II. Nature de la société. — III. Principes généraux du droit positif. — IV. L'intérêt et l'usure.

I

Nous abordons la seconde moitié de notre tâche.

Le législateur a-t-il mission pour réprimer l'usure? On ne saurait le dire avant d'avoir défini exactement l'objet du droit positif.

Quel est donc le domaine légitime de la loi civile? Deux écoles sont en lutte : il y a les communistes, et il y a les individualistes, qui se font souvent appeler libéraux.

Dirons-nous avec les premiers, qu'il appartient à l'État de produire et de diriger le mouvement social? Non assurément, car il nous faudrait admettre l'une de ces deux choses : ou que le législateur peut imprimer une plus grande activité aux individus, ou qu'il a la force de modifier les mœurs à son gré. Or, je le demande, comment s'y prendrait-il pour contraindre les particuliers à agir? s'aviserait-il de tracer à chacun la voie qu'il doit parcourir, et de régler la tâche qu'il accomplira journellement? Mais ce serait, comme on l'a fort bien démontré, le plus sûr moyen de paralyser toutes les forces sociales. On reconnaît universellement aujourd'hui que la contrainte est un stimulant inefficace pour l'homme, créature libre. C'est en nous-mêmes que nous trouvons les plus énergiques moteurs : dans l'ordre matériel, l'intérêt personnel ; dans l'ordre intellectuel, la soif de connaître et de communiquer la vérité ; dans l'ordre moral, la sympathie, l'amitié, l'amour, la charité. Voilà ce qui nous détermine ; quant aux prescriptions législatives, elles nous laissent inertes.

Serait-il plus facile au pouvoir public de changer les mœurs? L'histoire et la raison répondent négativement. Il n'est peut-être point de nation en décadence qui ne fournisse de grands exemples ; n'en prenons qu'un : Tout le monde sait combien les lois somptuaires arrêtèrent peu à Rome le progrès du luxe. Et comment en eût-il pu être autrement? Le législateur, quand il se heurte à une habitude que veut conserver la grande masse de ses sujets, n'a plus la force pour contraindre : seul contre tous, il ne saura se faire obéir ; et, qui pis est, son autorité en sera amoindrie. Il n'y a qu'un moyen de réformer les mœurs, c'est d'agir sur les volontés, de convertir les cœurs ; et à la religion seule appartient un tel pouvoir.

Si le communisme veut mettre le législateur partout, les individualistes ne le supportent nulle part. Réprimer le dol et la violence, faire exécuter les conventions : voilà pour eux toute la mission du pouvoir social. Ils n'admettent point qu'il puisse jamais se rencontrer la moindre injustice dans les transactions libres des hommes ; « il n'est pas besoin, disent-ils, de lois positives, pour établir l'équité sur la terre : quand nous agissons les uns sur les autres, chacun combat avec une égale ardeur pour son propre intérêt. Dans cette lutte pacifique, succombe toute prétention excessive ; et la force même des choses écarte tout ce qui pourrait être nuisible à l'une ou à l'autre des parties. Des mesures restrictives ne serviraient qu'à troubler les harmonies naturelles de la société. » L'argument a quelque chose de spécieux ; il est cependant assez facile de reconnaître qu'il repose tout entier sur une méprise. Une distinction doit être faite. Supposons que deux hommes se trouvent l'un vis-à-vis de l'autre, dans une situation exactement pareille : il est bien vrai qu'alors chacun cherchera son intérêt exclusif avec une énergie identique, qu'aucun ne parviendra à faire triompher son moi, et qu'il faudra nécessairement traiter conformément aux règles de la justice. Mais que l'une des parties combatte avec une intensité moindre que l'autre ; que la première soit dominée par la seconde, se trouve dans un état de sujétion vis-à-vis d'elle : alors certainement le plus fort, s'il est injuste et si on le laisse faire, deviendra oppresseur.

Ces systèmes ne nous donnent pas la vérité : laissons-les de côté, et cherchons une solution dans la nature même des sociétés.

II

Nous avons montré que l'homme ne pouvait vivre ici-bas dans l'isolement. Notre existence est subordonnée à cette condition, que nous agissions les uns sur les autres. Chacun possède quelque puissance correspondant à un besoin de ses semblables ; et les actions positives, que les individus se font subir mutuellement, deviennent la cause efficiente de la société. Elles opèrent comme force d'union ; par elles se forment et se maintiennent les diverses agrégations que présente l'humanité ; on pourrait les comparer à la puissance cohésive qui joint ensemble les différentes molécules d'un même corps.

Les actions négatives, tendant à détruire la personnalité du patient, produisent un effet contraire : elles divisent, éloignent les individus, ont une force de répulsion très-marquée. Toujours en lutte avec les précédentes, si jamais elles venaient à l'emporter, tout lien social se trouverait rompu ; les hommes se fuiraient, au lieu de s'attirer, et nous en arriverions à ce prétendu état de nature, tant vanté par les philosophes du XVIII° siècle, qui, comme le dit excellemment Joseph de Maistre, professèrent toutes les erreurs. Mais le phénomène ne saurait se présenter : car il est impossible que la vie sociale, fût-ce la plus misérable, renferme tous les maux de l'isolemen. Posons donc les deux principes suivants :

1° *Dans toute communauté, les actions positives l'emportent sur les négatives.*

2° *Une communauté est d'autant plus une, réalise d'autant mieux son type, que, dans son sein, il s'exerce plus d'actions positives et moins de négatives.*

La société serait dans un état de perfection, si, au milieu de la plus grande activité possible, on n'apercevait pas trace d'injustice : mais il s'en faut bien que pareil idéal se soit jamais rencontré. En quelque point de sa durée que nous observions un peuple, nous trouverons toujours, pour employer la très-heureuse expression de Balmès, une conscience sociale dont la morale n'est pas la vraie morale. Bien différente de l'opinion publique presque toujours inspirée par d'injustes passions, et qui d'ailleurs n'a rien de profond, la conscience sociale manifeste admirablement l'état du pays ; elle dérive des mœurs et en est comme le miroir. Il y a des actions négatives qui sont universellement pratiquées au grand jour ; il en est même qui excitent l'admiration : la conscience sociale tolère les premières n'ayant pas assez de délicatesse pour en être blessée ; elle impose les secondes comme des actes de vertu, parce qu'elle est faussée. Certaines injustices ne se rencontrent que rarement, elles ont disparu des mœurs nationales : la conscience sociale les réprouve et frappe de déshonneur quiconque vient à les commettre. Mais elle fait plus : dans certains cas, elle ordonne d'agir. Si un homme refuse d'obéir à telle ou telle prescription, non plus seulement du droit mais même de la morale, que ses concitoyens observent fidèlement, elle le signale à l'indignation générale, et tout le monde s'éloigne de lui avec horreur. Ainsi la conscience publique est une très-grande force sociale : empêcher l'accroissement des actions négatives, et, dans une certaine mesure, la diminution des positives, voilà son rôle ; perpétuer certaines injustices, tel est son abus.

Un peuple ne reste pas stationnaire. Il faut absolument qu'il marche soit en avant, soit en arrière. Il est en progrès, quand les actions positives vont en prédominant de plus en plus sur les négatives : soit que le nombre des actions négatives interdites par les mœurs s'accroisse graduellement, soit qu'il s'exerce plus d'actions positives ; soit que l'une et l'autre condition concoure ; car, dans chacune de ces hypothèses, le lien social devient plus étroit, et l'individu se trouve dans des conditions d'existence meilleures. Si au contraire les actions négatives gagnent du terrain aux dépens des positives, il y a décadence, l'unité tend à se détruire. La délicatesse de la conscience sociale augmente évidemment dans le premier cas, et diminue dans le second.

III

Supposons les hommes, abandonnés à eux-mêmes, dans la société, sans autre frein que la conscience nationale : il s'en trouvera toujours qui n'hésiteront pas à se mettre au-dessus de l'estime publique, tant ils sont au-dessous. Ceux-là emploieront tous les moyens pour réussir, et par suite de leurs méfaits deviendront riches, puissants : on les méprisera d'abord, puis on les craindra; et enfin, leur succès encourageant les autres, on les imitera. Le mal ira ainsi toujours croissant, et la nation descendra du degré qu'elle occupait. Donc, toutes les fois qu'on offense en même temps la morale et la conscience sociale, on fait effort pour ramener en arrière la communauté dont on est membre ; on tend à diminuer les conditions d'existence résultant pour chacun de l'état de choses actuel. La faute n'est plus individuelle, elle intéresse l'ordre social : ce n'est pas seulement un péché, c'est encore un délit. Tout citoyen est attaqué, tout citoyen est intéressé à s'y opposer. En a-t-il le droit? Qui pourrait en douter? Nous avons établi que la personnalité juridique était à la fois étendue et impénétrable; nous avons montré que toute injustice consistait dans une restriction apportée à l'individualité d'autrui. Or, quand je repousse une injuste agression, est-ce que je diminue le moi de mon adversaire? Peut-être il souffrira de son attaque, en me défendant il est possible que je le blesse;

mais c'est lui-même qui se sera fait tout le mal, en voulant exercer sur moi une action négative.

Donc, quand un acte est condamné à la fois par la morale et par la conscience sociale, tout membre de la nation a le droit d'empêcher qu'il ne soit commis; et son intérêt lui commande impérieusement de le faire. Mais il ne saurait opposer une résistance efficace, si ses efforts n'étaient combinés à ceux de ses semblables : il faut de toute nécessité que les forces individuelles soient unies, dirigées, coordonnées pour la défense commune; et apparaît alors l'idée du pouvoir public, si indispensable qu'on le retrouve en tous temps, en tous lieux. D'un côté le souverain se présente comme partie active; de l'autre les sujets offrent des puissances qui demandent à être mises en exercice. C'est là cas de l'action onéreuse, dont nous allons appliquer les règles générales.

1re règle. *L'agent ne saurait tourner à son profit personnel la moindre portion de la puissance appartenant au patient.*

Ce n'est pas pour lui que gouverne le souverain, c'est pour son peuple. Il ne saurait employer à sa propre gloire les forces publiques, sans commettre une iniquité, un acte de despotisme.

2e règle. *L'agent ne saurait sans injustice donner une direction infructueuse à la puissance du patient.*

Ce principe, appliqué à notre matière, donne les trois propositions suivantes : I. Le souverain ne doit demander à ses sujets que les sacrifices strictement nécessaires. Tous les efforts qu'il exigerait en plus seraient en effet perdus; le patient aurait subi une diminution dans sa personnalité. II. Le souverain doit réprimer efficacemènt toutes les immoralités que réprouve la conscience sociale. S'il ne les réprimait pas toutes, ou si on ne leur opposait pas un obstacle suffisant, le but serait manqué. A quoi bon l'action gouvernementale? Le peuple n'en descendrait pas moins du rang, où il est placé; et l'activité des citoyens aurait été dépensée sans fruit. III. Enfin, le pouvoir public doit déterminer à l'avance quels sacrifices il imposera à ses sujets et quelles mesures il prendra contre les contempteurs de la morale sociale. S'il négligeait de le faire, il violerait certainement la deuxième règle générale des actions onéreuses : il faut que, libres de toute inquiétude devant le pouvoir, sachant parfaitement à quoi les oblige la défense commune, les citoyens puissent régler leur temps, prévoir l'emploi de leurs forces, ne pas perdre en hésitations, en craintes et en incertitudes, une activité nécessaire à la prospérité générale. Il faut aussi que les hommes pervers, connaissant la peine dont ils sont menacés, que leur conduite, étant condamnée par un texte inexorable, ils ne puissent espérer ni dans la clémence, ni dans la faiblesse du pouvoir.

Reprenons successivement et développons chacune des trois propositions que nous venons d'établir.

I. Quels sacrifices le pouvoir public a-t-il le droit de demander aux particuliers? quelle est leur nature? quelle est leur étendue? On ne saurait le dire à *priori* : tout dépend des circonstances du temps, des lieux. Il ne faut jamais dépasser ce qui est strictement commandé par l'intérêt social ; voilà le principe général ; le reste n'est qu'une question de fait. L'impôt et le service militaire seront presque toujours nécessaires : car il est bien rare que les ressources personnelles du souverain et les enrôlements volontaires suffisent à l'entretien de la force publique et des corps judiciaires. Il y aura perpétuellement aussi des actes parfaitement légitimes en eux-mêmes, que le souverain devra interdire à ses sujets, ou ne permettra qu'avec certaines restrictions. Ce point est contesté : des écrivains ne comprennent pas ces entraves apportées à l'initiative individuelle. Toutes les législations leur paraissent absurdes : pourquoi, se demandent-ils, ces rigueurs du droit romain par exemple? Le simple pacte était dépourvu d'action, il n'y avait de légitimes que les contrats *re, verbis, litteris et consensu* : encore une fois pourquoi? et que signifie cette division fondée sur des exigences de formes inconnues en droit rationnel? Et le Code Napoléon, que prétend-il, avec ses actes solennels? Comment se fait-il que les notaires aient la mystérieuse vertu de rendre légitime un contrat qui ne vaudrait pas sans leur intervention? — En un mot, on considère comme mauvaise une législation civile, dès là qu'elle ne se confond pas absolument avec le droit rationnel privé : pour renverser ce système, il nous suffira de rappeler que l'État n'a point pour mission de faire pratiquer

aux hommes toute la justice, mais seulement la justice reconnue par la conscience sociale. On allègue,
qu'il faut respecter l'initiative individuelle : d'accord, et nous sommes en train d'expliquer que l'État
doit demander aux particuliers ce qui est absolûment
indispensable et rien au delà. Mais par quel effort
de logique en vient-on a conclure que les impôts
et les services personnels suffisent ? Contentez-vous de
définir les devoirs exigibles dans les rapports d'homme
à homme ; puis établissez des tribunaux, qui règlent
les contestations, et une force publique pour faire
exécuter les jugements. J'affirme que vous n'aurez
rien fait encore contre les efforts rétrogrades du mal.
Il est en effet des actes qui, licites en soi, servent
presque toujours, dans les circonstances actuelles, à
dissimuler l'iniquité, sans qu'il soit possible de le
reconnaître. Les uns peuvent être interdits aux
bons citoyens, sans grands inconvénients : il faut les
proscrire absolument, les regarder comme non ave-
nus, ou comme entachés de fraude. Les autres,
il serait dangereux de les empêcher : car ils sont
parfois employés à produire de grands biens. Que
faire alors ? On les tolère, mais on exige qu'ils soient
entourés de conditions propres à faire présumer
l'absence de toute iniquité. C'est ainsi que l'on procède, que l'on a toujours procédé, et que l'on ne ces-
sera de procéder : il n'y a pas d'autre manière
d'atteindre le but. Les législations civiles ne sauraient se former autrement : elles dérivent à la fois
du droit rationnel privé et des mœurs. En général,

elles seront d'autant plus parfaites, qu'elles s'opposeront plus efficacement aux iniquités reprouvées par la conscience sociale, et qu'elles restreindront moins l'initiative individuelle.

II. Le souverain doit réprimer efficacement toutes les immoralités que condamnent les mœurs publiques. En expliquant la règle précédente, nous avons été obligé d'empiéter sur celle-ci. Nous avons montré la nécessité d'une législation civile. Nous avons dit ses principaux caractères. Il s'agit de savoir si elle suffira à empêcher la nation de reculer ? Evidemment non, elle ne parvient qu'à mettre en lumière le droit des parties, pour le cas où une contestation surviendrait. Mais elle ne remplit pas si parfaitement son but, que bien souvent les juges ne soient obligés de consacrer une iniquité; et dès lors les hommes qui n'ont plus l'honneur à perdre, sont encouragés. En exerçant des actions négatives sur leurs semblables, ils n'obtiendront pas toujours le fruit de leurs méfaits, mais il suffit qu'ils le puissent une fois. Ajoutez que bien souvent les actes contraires à la morale publique sont irréparables, l'homicide par exemple, et ne peuvent servir de base à une action civile; que d'ailleurs détruire l'œuvre des méchants, ce n'est pas les cotenir, ce n'est pas les intimider : et vous reconnaîtrez facilement que le pouvoir public ne remplirait pas son devoir, consommerait inutilement les forces nationales s'il ne frappait pas les délinquants de peines proportionnées à leurs crimes. Il en a le droit : car son droit ici, c'est celui des sujets, dont il dirige seulement l'action ; et ceux ci peuvent, nous l'avons démontré, tout ce qu'exige la conservation de l'ordre établi.

Les peines doivent être calculées de manière à remplir leur but : c'est évident ; or dans quel dessein punit-on ? On veut effacer le mal produit dans la société. Quel a donc été l'effet du délit ? Il a profondément ébranlé la conscience sociale : par lui les mœurs tendent à se corrompre, la nation est portée en arrière. Il faut que la communauté tout entière réagisse contre cette impulsion ; qu'elle repousse victorieusement l'attaque dont elle est l'objet ; qu'en frappant le coupable elle affirme la morale publique, et déconcerte les méchants. Si la répression correspond exactement au trouble social, la réparation sera complète, toute trace de désordre sera détruite. Mais il est incontestable que plus grave est la faute, plus grand aura été l'attentat social ; il en résulte que les peines doivent être en raison directe des délits.

M. Ortolan soutient une théorie un peu différente ; suivant cet éminent juriconsulte, il ne suffirait pas de prendre pour base la nécessité sociale et de proportionner les châtiments aux crimes : il faudrait encore dans chaque cas rechercher quel mal la justice absolue permet d'infliger au coupable, et ne point aller au delà, qu'elles que puissent être d'ailleurs les exigences de l'intérêt général. C'est avec peine que nous nous décidons à ne point admettre l'opinion de M. Ortolan, et nous hésitons à la combattre craignant de nous tromper, Mais en vérité il ne nous est pas possible de comprendre qu'il existe un droit pénal absolu. Sans doute le législateur ne saurait frapper un homme innocent, devant la morale ; tout ce qui précède l'établit suffisamment. Il est nécessaire que le condamné se dise : « j'ai mérité mon sort », mais nous nions absolument qu'une peine portée par les hommes soit jamais trop rigoureuse, si l'on considère uniquement la faute en elle-même. Qu'est-ce en effet que faire le mal? Nous l'avons expliqué : c'est fermer son cœur au bien absolu, c'est repousser Dieu, *peccatum est repulsio Dei.* Il y a quelque chose d'infini dans le péché, il faudrait quelque chose d'infini dans la réparation; et, si terrible qu'il soit, le dogme catholique satisfait ma raison, quand il proclame l'éternité des peines. Que le pouvoir ne craigne donc pas, quand il punit, de dépasser les limites tracées par la justice absolue : car ces limites n'existent point, et l'on n'a jamais tenté de les définir scientifiquement. La nécessité sociale doit seule le diriger : elle seule détermine l'étendue de son droit et de son devoir. Il ne châtie pas pour faire acte de justice, pour défendre Dieu, qui n'a aucun besoin de son aide, mais pour protéger ses sujets.

III. Le souverain doit déterminer à l'avance quels sacrifices il exigera de ses sujets, et quelles mesures il prendra contre les contempteurs de la morale publique. — C'est-à-dire qu'il faut un droit positif, pour présider aux décisions judiciaires. Ce droit positif

est double : il y a une législation civile et une législation pénale. Nous avons déjà parlé de l'une et
de l'autre; mais, placé à un point de vue très-res-
treint, développant des propositions particulières,
nous avons dû nous borner à quelques notions très-
sommaires. Il faut les compléter rapidement.

Le problème posé au législateur est celui-ci : soit
un peuple, avec ses idées, ses préjugés, ses besoins
et ses mœurs particulières; prendre les mesures les
plus propres à empêcher les injustices et même
les immoralités condamnées par la conscience sociale. Les moyens consistent dans l'interdiction générale de certains actes, qui ne sont pas mauvais
en eux-mêmes, mais qui masquent l'iniquité; dans
certaines formes destinées à prouver la sincérité de tel
ou tel contrat; enfin dans les dispositions pénales qui
effraient les méchants. L'écueil a éviter, c'est de restreindre l'initiative individuelle ou de frapper les cou-
pables plus que ne l'exige l'intérêt général.

Les lois sont essentiellement variables ; car on peut
les définir « le droit rationnel approprié à l'état social ». Si on les prend à différentes époques, ou en
divers pays, on verra parfois qu'elles se contredisent:
faut-il s'en étonner? Non certes, car il est possible
qu'elles aient eu à combattre un mal opposé.

Avec le progrès, la conscience sociale prenant une
délicatesse plus grande, la morale publique s'étend, et
le droit positif doit mettre entrave à un nombre croissant d'iniquités. Tout Code pourrait se terminer par
ces paroles, que Jésus-Christ adressait à ses disciples:

« J'ai encore beaucoup de choses à vous dire, mais
» vous ne sauriez en ce moment les porter. » Est-ce
à dire que les châtiments deviendront de plus en plus
rigoureux, et que l'initiative individuelle ira de restrictions en restrictions? Le contraire est vrai : les
mœurs s'adoucissant, la sensibilité est plus grande,
et un supplice bien moins rigoureux peut produire
un effet pénal tout aussi énergique. D'autre part, la
puissance d'action s'est accrue pour tous, une foule
de transactions nouvelles se font jour, la pratique
analyse et sépare des contrats confondus auparavant
sous le même nom. Il est plus facile de distinguer ce
qui est juste de ce qui ne l'est pas, et le souverain a
moins souvent besoin d'interdire en masse toute une
catégorie d'actes.

Dans la décadence, les phénomènes opposés se manifestent : le mal gagnant du terrain, il faut que les
lois lui fassent place. C'est comme un torrent qui
dévaste et détruit tout sur son passage. En vain ac-
cumulerait-on les obstacles ; ils sont emportés, et
brisés. Si le souverain opposait une résistance trop
énergique, il serait renversé : ou succomber dans une
lutte héroïque, ou se laisser entraîner, voilà pour lui
la seule alternative.

IV

Reprenons la question que nous avons posée au
début de ce chapitre : le législateur a-t-il mission
pour réprimer l'usure?

L'usure est une injustice : le législateur devra donc l'empêcher, si elle est condamnée par la conscience sociale. Prenons une nation et suivons sa marche progressive. Trois périodes bien distinctes s'offrent à nous : 1° dans la première, c'est une indicible confusion, c'est un spectacle de guerres, de violences d'injustices. Il y a bien l'embryon du pouvoir et le commencement de la repression ; mais la conscience sociale ne condamne que les plus atroces iniquités, et l'usure ne saurait encore être considérée que comme fort légitime. 2° Dans la deuxième période, l'autorité se fortifie, les mœurs s'adoucissent, le vol, le brigandage, la violence sont proscrits. Le commerce et l'industrie commencent à paraître. Je dis que, dans un semblable état social, l'usure doit attirer l'attention du législateur. Les placements d'argent ne sont possibles qu'exceptionnellement : toute stipulation d'intérêt est inique. Si l'on ne met pas un frein à l'avidité des riches, la grande masse du peuple se verra plongée dans la misère, comme le prouve l'histoire, peut-être même réduite à l'état d'esclavage : ce sera un cri général d'indignation. Le pouvoir public sera obligé d'intervenir. Quelle mesure prendra-t-il? Il devra interdire absolument le prêt à l'intérêt : parfois des stipulations légitimes seront empêchées; mais il n'est pas possible de tout prévoir ; si un sacrifice est imposé à quelques hommes, c'est légitimement comme nous l'avons vu. Les commerçants, s'ils ont besoin, avec le progrès, d'étendre leurs entreprises, recourront à des contrats de société; et la restriction qui leur est imposée, les sauve de l'usure qui les aurait perdus. Au surplus le législateur ne se livre pas à tous ces calculs : guidé par un instinct sûr, celui des besoins sociaux, il n'admet aucune distinction, et il a parfaitement raison. 3° Dans la troisième période, l'industrie a pris un tel accroissement, qu'il est facile de placer ses fonds productivement. Quand donc on prête à un particulier, il est très-probable qu'il y a *lucrum cessans* ou *dammum emergens*, et qu'on est en droit de stipuler une indemnité. La loi admettra cette présomption ; et portera toute sa vigilance sur l'usure par exagération du taux. Comment l'empêchera-t-elle? On n'a encore trouvé qu'un moyen, c'est de fixer un intérêt maximum calculé d'après les circonstances sociales. Il arrivera parfois que les capitaux produiront davantage dans une entreprise, et que le prêteur sera lésé ; mais la perfection est impossible en matière législative.

Ces trois périodes, nous allons les rencontrer dans l'histoire de droit français. — Le droit romain nous présentera un autre spectacle. Nous serons en présence d'une société païenne, qui n'a jamais pu atteindre une très-grande élévation morale. La conscience sociale n'y a jamais condamné l'usure comme injuste, mais seulement comme oppressive ; c'est la lutte et le demi-triomphe des plébéiens qui fit limiter le taux, quand tout intérêt devait être proscrit.

CHAPITRE II.

DROIT ROMAIN.

Première section.

I.

Nous avons dit en quoi consistait le contrat : c'est l'accord des parties sur une action légitime. Il importe peu que le consentement ait été manifesté de telle ou telle manière : du moment que les volontés ont concouru, le contrat s'est formé.

Ce principe incontestable en droit rationnel, les législations ne sauraient l'adopter avec un caractère aussi absolu dès leur origine. Si en effet nous observons la marche progressive des peuples, nous verrons qu'il faut attendre bien longtemps pour trouver dans les mœurs le respect de la parole donnée. Dans le principe on ne se considère pas comme vraiment engagé, si la promesse que l'on a faite n'a reçu un commencement d'exécution, ou n'a revêtu une forme matérielle bien palpable. Et le législateur, écho de la conscience sociale, ne peut proclamer qu'au sein d'une civilisation très-avancée ce précepte éternel de la morale : *solus consensus obligat.*

Les Romains n'en arrivèrent jamais là ; malgré les préteurs, malgré leurs efforts pour élargir les règles étroites du droit primitif, malgré leurs heureuses, j'allais dire leurs légitimes usurpations, on n'en vint jamais à considérer le simple pacte comme générateur d'obligaticns. *Solus consensus non obligat :* telle est la règle romaine.

Les contrats se formaient de quatre manières différentes : *re, verbis, litteris, consensu.*

Les contrats *re* trouvaient leur *causa civilis obligationis* dans la translation de la propriété, de la possession, ou même de la simple détention.

Le *mutuum*, qui appartenait à cette classe, se distinguait des autres par trois caractères essentiels : 1° translation de la propriété, 2° translation opérée par le propriétaire, 3° obligation de l'emprunteur. On pouvait le définir : un contrat par lequel l'une des parties transfère à l'autre la propriété d'une chose, à la charge pour cette autre de lui rendre une même quantité de choses de la même qualité. — Nous convenons que je vous prêterai 100 mesures de froment, dont vous me rendrez l'équivalent dans un an : ce n'est pas un contrat, mais un simple pacte destitué de tout effet civil; que si au contraire je vous livre les 100 mesures de blé : il y a *mutuum*, il y a contrat. En droit rationnel, nous dirions : il y a action de prêt incomplète, action qui attend sa réaction.

Nous allons étudier le *mutuum* en lui-même ; nous parlerons ensuite des intérêts. Ce sont deux question parfaitement distinctes : les Romains n'ayant jamais compris la mise en exercice du capital, telle que nous l'avons exposée.

II

Nous venons d'énoncer les conditions sans lesquelles on ne concevrait pas le *mutuum*, nous allons les reprendre successivement en les développant.

1° Il faut que la propriété de la chose, objet de contrat, passe à l'emprunteur. Justinien ne voulait pas dire autre chose, quoiqu'il l'ait fort mal exprimé, quand il écrivait : « Mutui autem datio in iis rebus » consistit, quæ numero pondere mensurave con- » stant, veluti vino, oleo, frumento. ». (Inst. liv. 3, » titre xiv.) Au premier abord ce texte présente un sens très-faux. Toute chose en effet, qui est dans le commerce, peut faire l'objet du *mutuum* ; les parties doivent seulement convenir que l'emprunteur pourra se libérer, en restituant non point la chose même qu'il a reçue, mais une autre de même nature et qualité. Dès lors on ne comprendrait guère la pensée des Instituts, si l'on ne songeait que le *mutuum* porte le plus souvent sur des choses livrées au poids, au nombre et à la mesure, et que très-souvent la loi statue *de eo quod plerumque fit*. Peut-être aussi

Tribonien et ses collaborateurs ont-ils par mégarde mal copié Gaius, qu'ils avaient sous les yeux et qui se contente de donner comme exemples *res quæ numero, pondere, mensurave constant.*

Toujours est-il que cette très-légère faute de rédaction a entraîné les commentateurs dans une grave erreur. On se figurait que le *mutuum* devait toujours avoir pour objet des choses se consommant par le premier usage. Une telle manière de voir n'est pas admissible. Je puis donner à titre de *mutuum* un cheval, un lion, une maison. Ce qui fait la nature du contrat, c'est la commune intention des parties: ont-elles entendu que la chose serait restituée *in specie?* c'est le commodat. L'emprunteur ne s'oblige-t-il à rendre qu'une chose *in individuo?* c'est le *mutuum.*

Un mineur veut faire un *mutuum.* A cet effet il remet *sine tutoris auctoritate* une certaine somme à Titius. Le contrat de *mutuum* a-t-il pris naissance ? La question revient à celle-ci: la propriété a-t-elle été transportée du mineur à Titius ? — Je réponds négativement.

D'après les principes généraux admis en matière d'incapacité, le mineur ne saurait *sine tutoris auctoritate* rendre sa position pire; et toute aliénation produisant cet effet, Titius n'a pu devenir maître des écus à lui livrés. En conséquence, si l'argent est encore entre ses mains, le mineur pourra se le faire restituer par l'action en revendication, — La somme a-t-elle été dépensée? il faut rechercher si l'emprunteur était ou non de bonne foi. Dans le premier cas il est soumis à une condiction, dans le second à l'action *ad exhibendum*. — Cujas et Pothier ont soutenu que quand l'emprunteur était de bonne foi, il y avait lieu à la *condictio ex mutuo*. Mais comment cela se pourrait-il ? Le contrat de *mutuum* ne s'est pas formé. — Si l'on veut caractériser l'action qui sera ouverte au mineur dans cette hypothèse, nous dirons que c'est une *condictio re data, re non secuta*.

Primus est dépositaire d'une chose que lui a confiée Secundus. Intervient une convention : Secundus autorise Primus à user de la chose déposée, et Primus promet de restituer au déposant une autre chose de même nature et valeur. Y a-t-il contrat de *mutuum* ? L'affirmative n'est pas douteuse : la possession précaire du dépositaire s'est trouvée transformée en possession à titre de propriétaire, par suite de la convention. Donc la propriété a été transférée et la condition du *mutuum* remplie. Ulpien confirme ainsi cette décision : « Deposui apud tedecem, postea
» permisi tibi uti : Nerva, Proculus, etiam antequam
» moveantur, condicere, quasi mutua, tibi hæc
» posse aiunt ; et est verum, ut et Marcello videtur ;
» animo enim cœpit possidere ; ergo transit pericu-
» lum ad eum qui mutuum rogavit. » (Dig. l. XII,
t. 1, l. 9, § 9.) Paul semble contredire cette doctrine : « Si ex permissu meo deposita pecunia is, penes
» quem deposita est, utatur, ut in cæteris bonæ
» fidei judiciis, usuras ejus nomine præstare mihi co-
» gitur. » (Dig. l. XVI, t. III. l. 29, § 1.) Mais ailleurs

(Pauli, Sent. 1. II, t. xiii, § 9), le même jurisconsulte enseigne la même chose qu'Ulpien. Comment expliquer cette antinomie ? Il y a deux moyens : le premier consiste à lire dans le dernier texte que nous avons cité, *impermissu meo* au lieu de *ex permissu meo*. Le second a été indiqué par M. Pellat : suivant cet éminent jurisconsulte, l'hypothèse de Paul n'est pas celle d'Ulpien : Ulpien prévoit le cas où le déposant permet au dépositaire de conserver les écus à titre d'argent prêté ; Paul a en vue l'hypothèse où le déposant, tout en voulant laisser subsister le dépôt, aurait autorisé le dépositaire à se servir de la chose.

III

La deuxième condition essentielle pour qu'il y ait *mutuum*, c'est la suivante : la propriété de la chose prêtée doit être transférée par le prêteur lui-même.

Cette règle ne conserva pas un caractère aussi absolu que la précédente. Plusieurs dérogations furent admises avec le temps.

Que décider dans le cas où la propriété ne passe pas directement du créancier au débiteur ?

Voici la réponse d'Ulpien « Singularia quædam re-
» cepta sunt circa pecuniam creditam : nam si tibi
» debitorem meum jussero dare pecuniam, obligaris
» mihi, quamvis meos nummos non acceperis. Quod
» in duabus personis recipitur, hoc et in eadem per-
» sona recipiendum est : ut cum ex causa mandati

« pecuniam mihi debeas et convenit , ut « crediti
» nomine eam retineas, » videatur mihi data pecu-
» nia et a me ad te profecta. » (Dig. lib. XII, tit. 1,
l. 15.) — Le même jurisconsulte dit encore (Dig.
lib. XII, tit. 2, l. 1, pr.) : « Rogasti me, ut tibi pe-
» cuniam crederem : ego cum non haberem, tamen
» tibi dedi luncem, vel massam auri, ut eam ven-
» deres : et nummis utereris : si vendederis, puto
» mutuam pecuniam factam. »

De son côté Africain : « Qui negotia Lucii Titii pro-
» curabat, is, quum a debitoribus ejus pecuniam
» exegisset, epistolam ad eum misit, qua significaret,
» certam summam ex administratione apud se esse,
» eamque creditam sibi se debiturum cum usuris semis-
» sibus. Quæsitum est, an ex ea causa, credita pecunia
» peti possit? et an usuræ peti possint? Respondit
» non esse creditam : alioquin dicendum ex omni
» contractu, nuda pactione, pecuniam creditam fieri
» posse. Nec huic simile esse, quod si pecuniam apud
» te depositam convenerit, ut creditam habeas, cre-
» dita fiat, quia tunc nummi qui mei erant, tui fiunt:
» item quod si a debitore meo jussero te accipere pe-
» cuniam, credita fiat, id enim benigno receptum
» est : his argumentum esse, eum, qui cum mutuam
» pecuniam dare vellet, argentum vendendum dedis-
» set, nihilo magis pecuniam creditam recte petitu-
» rum, et tamen ex argento redactam periculo ejus
» fore qui accepisset argentum : et in proposito igitur
» dicendum, actione mandati obligatum fore procu-
» ratorem, ut quamvis ipsius periculo nummi fuerint

» tamen usuras, de quibus convenerit, præstare
» debeat. » (Dig. lib. XVII, t. I, l. 34, pr.)

Ainsi Ulpien admet qu'il y a *mutuum* dans les cas
suivants :

1° Quand un créancier fait payer à un tiers par
son débiteur les sommes qu'il veut prêter. Dans la
rigueur des principes, le contrat de *mutuum* ne prendrait pas naissance, le prêteur n'ayant jamais été propriétaire des espèces remises à l'emprunteur. Mais
on supposera que le débiteur a d'abord payé son
créancier, et que celui-ci a ensuite transféré la propriété à l'emprunteur.

2° Quand le mandataire est autorisé par son mandant à conserver, comme argent prêté, une somme,
qui aurait pu lui être réclamée au moyen de l'action
mandati directa.

3° Quand, voulant vous faire un prêt et n'ayant pas
d'argent, je vous ai donné une pièce d'argenterie ou
un lingot d'or, afin que vous le vendiez et vous ser-
viez du prix en provenant.

Africain, lui, n'admet que la première exception.
Si l'on voyait un *mutuum* dans le cas du mandataire,
conservant à titre de prêt un argent qui lui appartient, qu'il peut sans doute être tenu par l'action
mandati directa de livrer au mandant, mais dont
enfin il est actuellement propriétaire : il suffirait d'un
simple pacte pour transformer en *mutuum* n'importe
quel contrat. Quant à la 3° dérogation, Africain ne
l'admet certainement pas.

Une constitution des empereurs Dioclétien et Maxi-

min, insérée au Code (Liv. IV, t. ii, l. 8) nous apprend
que le système d'Ulpien finit par l'emporter.

IV

'La troisième condition essentielle à l'existence du
mutuum, c'est que le prêteur s'oblige.

Le contrat de *mutuum* ne saurait résulter d'un
emprunt fait par le mineur *sine tutoris auctoritate*.
—Un pupille peut bien *sine tutoris auctoritate* rendre
sa condition meilleure : donc, en recevant une somme
d'argent, il en acquiert la propriété. Mais il ne saurait rendre sa condition pire, ce qui aurait lieu
s'il s'obligeait. Pas d'obligations, pas de *mutuum*.

Mais le mineur, qui devient propriétaire des ob-
iet à lui livrés, n'est-il pa, au moins tenu d'une
obligation naturelle ?

Nous trouvons au Digeste (lib. XXVI, tit. viii,
l. 5) un texte d'Ulpien, où nous voyons que « in pu-
» pillum non tantum tutori, verum cuivis, actionem
» in quantum locupletior factus est dandam Divus
» Pius rescripsit. » Mais il s'agit de savoir si, dans
les cas où il n'y a pas eu enrichissement, avant
comme après le rescit d'Antonin, le pupille est soumis
à une obligation naturelle. Je réponds affirmative-
ment, et je tire cette conclusion de deux textes in-
sérés au Digeste.

1° « Heres meus Titio dato, quod mihri Seius dedit :
» si Seius pupillus sine tutoris auctoritate nummos

» accepisset, nec locupletior factus esset, et petitor ad
» præsens debitum verba retulit, quia nihil ejus de-
» bet, nullius momenti legatum erit : quod si verbo
» debiti naturalem obligationem et futuram solutio-
» nem cogitavit, interim nihil si Titius petit, quasi
» tacite conditio inserta sit, non secus ac si ita dixis-
» set Titio dato quod pupillus solverit, vel si legasset,
» fructus qui ex illo fundo nascentur. » Dig. lib.
XXXVI, t. ii, l. 25, § 1.)

Soit une disposition testamentaire ainsi conçue :
« Mon héritier donnera à Titius ce que Séius me
» doit. » On suppose que Séius étant mineur a emprunté la somme dont il s'agit *sine tutoris auctoritate*, et ne s'en est pas enrichi. Si le testateur a entendu parler de la dette présente, le legs est nul,
puisque Séius n'est passible d'aucune action ; mais
s'il a eu en vue l'obligation naturelle et le payement
qui pourrait avoir lieu plus tard, s'il a entendu que
Titius ne peut rien réclamer jusque-là, il a fait un
legs conditionnel très-valable.

2° « Si pupillus, cui sine tutore auctore decem mu-
» tuo datas sunt, legatum a creditore meruerit sub hac
» conditione, si decem quæ acceperit, hæredi reddi-
» derit, una numeratione et implet conditionem et li-
» beratur naturali obligatione. » (Dig. l. XXVI, t. ii.)

Il n'est pas possible d'enseigner plus clairement
que le mineur, ayant reçu un prêt *sine tutoris auctoritate*, sans avoir éprouvé d'enrichissement, est obligé
naturellement, et ne saurait répéter s'il a restitué.

Quelle est l'étendue de l'obligation contractée par

l'emprunteur ? Il doit rendre des choses semblables à celles qu'il a reçues, en même quantité et qualité.

Si cependant la chose prêtée avait eu des vices connus par le prêteur, et si elle avait péri par suite de ces vices, n'ayant ainsi offert aucune utilité à l'emprunteur, celui-ci n'avait rien à restituer : il repoussait la *condictio* par l'exception *doli mali* : — Si l'emprunteur avait éprouvé un dommage causé par les vices de la chose, il avait pour se faire indemniser une action *in factum*, ou l'action *de dolo*, suivant que le prêteur s'était conduit avec négligence ou mauvaise foi.

V

Nous venons de terminer la théorie proprement dite du *mutuum*. Reste maintenant à examiner les dispositions du sénatus-consulte macédonien, qui viennent s'y ajouter. Ce sénatus-consulte fut rendu, d'après Tacite, sous Claude, l'an de Rome 779, et, d'après Suétone, sous Vespasien. Pothier pense qu'il remonte en effet à Claude, et que Vespasien se contenta de le confirmer. Son but était de mettre un frein aux prodigalités des fils de famille, et aux usures qu'ils consentaient à subir pour se procurer de l'argent.

Voici ses principales dispositions :

Le prêt fait à un fils de famille, qu'il soit sous la puissance de son père ou de son aïeul, n'est pas nul; mais le prêteur se verra refuser l'action nécessaire pour parvenir au remboursement des fonds qu'il a livrés. Encore faut-il que le *mutuum* ait pour objet des sommes d'argent : s'il s'agit d'autres choses, la prohibition du sénatus-consulte n'est pas applicable ; « *ait enim senatus mutuam pecuniam dedisset,* » a moins toutefois qu'un prêt de denrées soit fait en vue de frauder la loi : « *Sed si fraus,* dit Ulpien (*de* » *Senatusc. mac.,* l. 7 et 8), *sit senatusconsulto adhi-* » *bita, puta frumento, vel vino, vel oleo, mutuo dato,* » *ut his distractis fructibus uteretur pecunia, subve-* » *niendum est filiofamilias.* »

L'action ne sera pas refusée au prêteur, bien que le *mutuum* ait eu pour objet une somme d'argent : 1° si le père a ratifié l'emprunt du fils ; 2° si le père a tiré profit de l'emprunt fait au fils. Le père est alors passible de l'action *de in rem verso,* jusqu'à concurrence de son émolument.

Le sénatus-consulte macédonien ne crée pas, avons-nous dit, une incapacité d'emprunter : il se contente de refuser l'action au prêteur. D'où la question suivante : l'emprunt, que le fils de famille fait d'une somme d'argent peut-il être valablement cautionné ?

Une distinction est nécessaire. Supposons d'abord que le fidéjusseur s'oblige *sine animo donandi.* Si le prêteur pouvait le contraindre de payer, il aurait un recours contre le fils de famille, qui se verrait ainsi obligé de rembourser ce qu'il a emprunté. Or, c'est précisément ce qu'a voulu empêcher le sénatus-consulte. Donc le fidéjusseur actionné peut opposer au préteur une exception.

Le fidéjusseur s'est-il obligé *animo donandi?* Comme il ne saurait exercer un recours, il n'a pas le droit d'invoquer l'exception tirée du sénatus-consulte.

Deuxième section.

I

Le *mutuum* par lui-même ne pouvait jamais donner lieu à des intérêts. La raison en est simple : l'obligation de l'emprunteur prend sa source, d'après le droit romain, non pas dans le consentement mutuel des parties, mais dans la translation de propriété que lui a faite le préteur. Il ne saurait donc être tenu de rendre que la valeur reçue, ni plus ni moins.

Quelle forme fallait-il donc employer pour prêter à intérêt ? — On pouvait ajouter au *mutuum* une stipulation. Mais, en joignant un simple pacte, soit au *mutuum*, soit à la convention de prêter faite sous forme de stipulation, parvenait-on au même résultat ?

Rappelons en quelques mots la théorie des pactes joints.

Ils s'ajoutent ou *ex intervallo,* ou *in continenti* :

1° Les actes ajoutés *ex intervallo* à un contrat

stricti juris, ont un effet différent, suivant qu'ils sont formés *ad augendam* ou *ad minuendam obligationem*. Dans le premier cas, ils ne produiront aucune action au profit du demandeur : ils n'auront d'autres effets que ceux qui sont attachés à l'obligation naturelle résultant de ce *consensus in idem placitum*. Dans le second cas, ils vaudront non pas *ipso jure*, mais *exceptionis ope*, en faveur de ce débiteur.

Si le pacte *ex intervallo* s'est ajouté à un contrat consensuel, le résultat varie, suivant qu'il porte sur les éléments accidentels ou sur les éléments essentiels du contrat. La substance du contrat est-elle modifiée par le pacte, les choses étant encore entières ? Le contrat lui-même est modifié. Le pacte n'a-t-il en vue que les éléments accidentels ? S'il est *ad augendam obligationem*, il ne donnera point naissance à une action; mais, s'il diminue l'obligation, il permettra au débiteur d'opposer une exception.

2° Les pactes *in continenti*, dans les contrats de bonne foi, en font partie intégrante, modifient *ipso jure* la position du défendeur, ou bien donnent une action au demandeur. Dans les contrats *stricti juris*, les pactes *in continenti* ne valent que s'ils sont *ad minuendam obligationem*.

Donc on ne saurait, par un simple pacte ajouté au *mutuum* obtenir des intérêts; mais ne le peut-on par un pacte *in continenti* ajouté, à la stipulation? En un mot la stipulation ne doit-elle pas être assimilée aux contrats de bonne foi ?

Voici comment on argumente pour soutenir l'affirmative :

1° Ulpien (Dig., lib. XLV, tit. I, l. 1, § 3) : « Si ita
» interrogatus intra kalendas quintas spondesne dare,
» responderit, « dabo idibus, ». non obligatur; nisi
» stipulatori diversitas responsionis illico placuerit :
» tunc enim alia stipulatio contracta esse videtur. »
On tire de ce texte une raison par à fortiori. Si, dit-on,
un pacte peut faire valoir une stipulation nulle, à
bien plus forte raison est-il capable de la modifier.

2° Paul (Dig. lib. XII, tit. I, l. 40, *De rebus creditis*) : « Pacta in continenti facta stipulationi inesse
» creduntur. »

3° La raison pour laquelle un pacte fait *ad augendam* n'aurait pas d'effet, est spéciale au *mutuum*, comme le prouve ce texte. « Si tibi decem
» dem et paciscar ut vigenti debeantur; non nascitur
» obligatio ultra decem : re enim non potest obligatio
» contrahi, nisi quatenus datum sit. »

Les partisans de la négative n'ont pas de peine à
réfuter ces raisons.

1° L'à fortiori, que l'on tire du texte d'Ulpien,
n'est pas admissible. Lorsque la stipulation est
nulle, on conçoit sans peine que les parties remplacent le contrat non formé par un pacte, et fassent
produire à une simple convention les effets de la stipulation, qui n'a pas abouti. Mais si la stipulation a
été valablement faite, il y a un contrat qui doit produire ses effets : comment pourra-t-on le modifier?
Le jurisconsulte n'en dit rien.

2° Quant à ces mots : « pacta in continenti facta
» stipulationi inesse creduntur, » s'ils étaient seuls,
ils seraient concluants : mais ils sont tirés d'un texte
relatif aux pactes faits *ad minuendum obligationem*
et par conséquent se tournent contre ceux qui les in-
voquent. Citons le passage de Paul en entier : « Lecta
» est in auditorio Æmilii Papiniani, præfecti prætorio,
» jurisconsulti cautio hujus modi : *Lucius Titius*
» *scripsi me accepisse a Publio Mævio quindecim*
» *mutua mihi numerata de domo : et hæc quindecim*
» *proba recte dari kalendis futuris stipulatus est Pu-*
» *blius Mævius, spoponsi ego Lucius Titius. Si die su-*
» *pra scripta summa Publio Mævio, sive ad quem ca*
» *res pertinebit, data, soluta, satisve eo nomine fac-*
» *tum non erit, tunc eo amplius, quo post solvam, pœnæ*
» *nomine, in dies triginta, inque denarios contenos, de-*
» *narios singulos dari stipulatus est Publius Mævius,*
» *spopondi ego Lucius Titius : convenit que inter nos,*
» *uti pro Mævio ex summa supras cripta menstruos re-*
» *fundere debeam denarios triennos ex omni summa,*
» *ei heredive ejus.* Quæsitum est de obligatione usura-
» rum : quoniam numerus mensium, qui solutioni
» competebat transierat ? *Dicebam,* quia pacta in
» continenti facta stipulationi inesse creduntur, pe-
» rende esse ac, si per singulos menses certam pe-
» cuniam stipulatus, quoad tardius soluta esset, usu-
» ras adjecisset : igitur finito primo mense, primæ
» pensionis usuras currere : et similiter post secun-
» dum et tertium tantum usuras non solutæ (pe-
» cuniæ) pensionis crescere : nec ante sortis non

» solutæ usuras peti posse, quam ipsa sors peti po-
» tuerat. Pactum autem, quod subjectum est, quidam
» dicebant ad sortis solutionem tantum pertinere,
» non etiam ad usurarum, quæ priore parte simpli-
» citer in stipulationem venissent : pactum id tantum
» ad exceptionem prodesse : *et* ideo, non soluta pe-
» cunia statutis pensionibus, ex die stipulationis
» usuras deberi, atque si id nominatim esset ex-
» pressum..... »

3o Enfin le 3ᵉ argument ne prouve absolument rien. Ce que dit Paul du *mutuum*, il aurait pu l'appliquer mot pour mot à la stipulation : c'est une conséquence des idées, que professaient les Romains relativement aux obligations.

Il n'y a donc aucun motif pour croire que le *mutuum* et la stipulation soient régis par des principes différents ; mais voici, pour établir la doctrine opposée, un texte, qui se passe de tout commentaire ; il est d'Ulpien : « Interdum format ipsam actionem » (nuda pactio), ut in bonæ fidei judiciis : solemus » enim dicere conventa inesse bonæ fidei judiciis. »

Donc, pour prêter à intérêts, il fallait ou un *mutuum* et une stipulation, ou deux stipulations.

II

Il faut arriver à la loi des XII tables pour trouver une disposition législative qui restreigne le taux de taux de l'intérêt. Quant à la cause qui fit mettre un frein à la cupidité des usuriers, elle est bien connue : ce n'est pas dans le progrès des mœurs publiques, mais dans l'excès même du mal, qu'il faut la chercher.

Pendant longtemps, à Rome, les circonstances rendirent impossible tout contrat de mise en exercice du capital. La seule industrie, pratiquée par les hommes libres, c'était l'agriculture : chacun travaillait en famille, n'employant comme auxiliaires que des esclaves. Les objets fabriqués étaient produits pour le maître par les hommes qu'il avait achetés, ou conquis sur le champ de bataille. Et, comme les procédés de culture étaient rudimentaires et n'exigeaient point des machines très-compliquées, on ne conçoit pas comment des capitaux auraient pu être prêtés pour produire.

Mais le *mutuum*, le prêt de consommation, était fort usité. Pendant que la république se couvrait de gloire dans les guerres, les particuliers revenaient souvent ruinés. Leur absence avait été fatale à leur patrimoine : ils retrouvaient leurs champs incultes. Pas de récolte, comment attendre l'année suivante ? Il fallait emprunter. Les patriciens, qui étaient très-riches, qui avaient par conséquent pu conjurer les maux de la guerre, et qui d'ailleurs étaient maîtres de la loi et savaient la faire merveilleusement tourner à leurs intérêts particuliers, offraient leurs services. Mais ils n'étaient point désintéressés; et ils imposaient les plus dures conditions aux malheureux

emprunteurs, qui, pressés par la voix impérieuse du besoin, consentaient à tout. Bientôt arrivait le moment de se libérer; mais comment un malheureux petit cultivateur serait-il parvenu à rassembler, outre le capital, 150, 100, 200 p. 100 peut-être d'intérêts? Il ne pouvait payer, on le poursuivait inexorablement. La conséquence de ces poursuites, la voici exposée par M. Ortolan: « L'action de la loi *per manus injec-*
» *tionem* est la procédure d'exécution de l'ancien
» droit quiritaire. Les fragments qui nous restent
» sur la troisième des Douze tables ne sont autre
» chose que son nouveau règlement par les décem-
» virs. La loi des Douze tables donne cette voie d'exé-
» cution pour toutes choses jugées, et pour l'aveu
» d'une dette d'argent. Le débiteur a trente jours
» pour chercher à s'acquitter, ces jours se nommaient
» *dies justi;* c'est, selon l'expression d'Aulu-Gelle,
» comme une sorte de trêve, d'armistice légal. Ce
» délai expiré, s'il n'a pas payé, son adversaire peut
» l'amener devant le magistrat; et là s'accomplit
» l'action de la loi. Saisissant son débiteur par quel-
» que partie du corps, le créancier dit: *Quod tu mihi*
» *judicatus sive damnat us es* (par ex. : *sestertium*
» *X millia*) *quæ dolo malo non solvisti, ob eam rem ego*
» *tibi sertertium X millia judicati manus injicio.* Le
» débiteur ne peut repousser cette mainmise; dès ce
» moment il est traité comme esclave de fait; et,
» comme tel, s'il a des objections à faire, des con-
» testations à élever, il ne peut plus agir, dans l'ac-
» tion de la loi, par lui-même, comme un homme

» libre ; il faut qu'il donne un répondant solvable,
» qui le réclame et le libère en prenant sa cause, et
» qu'on nomme, à cause de cela, *vindex*. Faute d'un
» pareil répondant, il est, par déclaration du préteur,
» et sans renvoi devant un juge, attribué au deman-
» deur, qui l'emmène dans sa maison, comme son
» prisonnier. Ici s'arrête l'exposé que Gaïus fait de
» cette action de la loi. Il faut la compléter par ce
» qui nous est parvenu des Douze tables. Avant la
» prononciation de cette addiction, le débiteur pour-
» suivi était, à proprement parler, *judicatus adjudi-*
» *catus ;* une fois l'addiction faite, il est *addictus*. En
» ce dernier état, il est esclave de fait, et traité
» comme tel, non-seulement dans les rapports pri-
» vés, mais même dans ceux de la cité ; mais il n'est
» pas encore esclave de droit, il n'a pas encore es-
» suyé de diminution de tête ; ni ses enfants ni ses
» biens ne passent dans le domaine de son créancier.
» La loi des Douze tables a pris soin de régler elle-
» même ce qui concerne sa nourriture et le poids des
» fers dont il peut être chargé. Cette situation se
» continue soixante jours, pendant lesquels il doit,
» par trois jours de marché consécutifs, de neuvaine
» en neuvaine, être conduit devant les magistrats
» dans le *comitium*, avec proclamation de la somme
» pour laquelle il est *addictus* : afin que ses parents,
» ses amis, avertis du sort qui le menace, fassent leurs
» derniers efforts pour le libérer en payant à sa dé-
» charge. Nous savons que, faute de payement, la
» conclusion pour lui, après les soixante jours, est

» une diminution de tête définitive, qui termine sa
» vie de citoyen et d'homme libre, mais qui éteint
» aussi tous les droits de son créancier. Il est vendu
» comme esclave à l'étranger au delà du Tibre. Le
» droit, pour le créancier de le mettre à mort est
» même inscrit dans la loi. »

Il est probable que les créanciers faisaient rarement mettre à mort leurs débiteurs insolvables ; car
il leur était bien plus avantageux de les vendre. Ce
dut être l'une des grandes causes de l'esclavage an-
tique : il se faisait autant de prisonniers par l'usure
que par la guerre. Les esclaves s'appelaient indiffé-
remment *servi*, ou *mancipia*. *Servi* vient de *servati*:
on avait le droit de tuer tous les prisonniers de
guerre, ceux que l'on conservait étaient *servati*. Voilà
l'étymologie que l'on donne habituellement: mais
n'est-on pas fondé à croire que le mot *servi* avait dé-
signé primitivement les débiteurs insolvables que les
créanciers sauvaient de la mort pour les vendre, et
celui de *mancipia* les captifs ?

Cependant les plébéiens opprimés ne tardèrent pas
à se compter et à comprendre qu'ils étaient les plus
forts. Dès lors les émeutes furent continuelles jusqu'au jour où fut proclamée la loi des Douze tables.
C'était une transaction entre la cupidité des patriciens et les légitimes exigences des plébéiens: au
lieu d'interdire toute stipulation d'intérêts comme
l'exigeait la justice, on se contenta de fixer un taux
maximum.

Quel était ce taux ? Tacite dit : «*Ne quis unciario*

*fœnore amplius exerceret, cum antea ex libidine lo-
cupletum agitantur.* » Comment traduire *unciarium
fœnus* ? Il y a plusieurs systèmes d'interprétation :

1° Suivant les uns, *uncia* étant le 12° de l'*as*,
qu'on asimilait au capital, l'intérêt était pour un
mois le 12° du capital. — Il nous paraît bien difficile
d'admettre cette opinion : car la loi des Douze tables
permettrait de prêter à 100 p. 100 par an, et man-
querait complétement son but, qui était de protéger les emprunteurs.

2° Saumaise, Dumoulin et Pothier, croient que
l'*unciarium fœnus*, c'était 1 p. 100 par an. — Ce
serait un taux bien modéré ; et l'on ne s'expliquerait
guère que les plaintes des plébéiens aient persisté
avec autant d'intensité après la loi des Douze tables. L'usure légale exerçait beaucoup de ravages,
elle devait donc être assez élevée.

3° Cujas soutient qu'il faut entendre par *unciarium fœnus* l'intérêt à 12 p. 100 par an. Mais *uncia*
désigne un 12°, et 12 n'est pas le 12° de 100.

4° Enfin Niébuhr croit que l'intérêt était de
8 1/3 p. 100 par année de dix mois. Dans le principe, l'unité monétaire des Romains fut un certain
poids de cuivre, appelé *as* et divisé en douze parties égales : on représentait par l'*as* le capital, et
l'once signifiait par conséquent un 12° de ce capital.
Si l'*as* a une valeur de 100, nous dirons que l'intérêt
était de 8 1/3 p. 100 par an. Mais l'année en usage,
à l'époque des Douze tables, ne comptait que dix
mois. Donc le taux montait approximativement à

10 p. 100 par année de douze mois. — Cette opinion trouve une confirmation dans les usages des Romains, qui fractionnaient souvent l'unité en douze onces. L'hérédité par exemple était divisée de cette sorte pour le partage.

La loi des Douze tables ne fit pas cesser la lutte des patriciens et des plébéiens : les préteurs s'efforcèrent toujours de rétablir l'ancien état de choses, tandis que les emprunteurs voulaient faire établir la gratuité du prêt. Plusieurs dispositions législatives font foi de cette double tendance.

L'an 378 de Rome, la loi Cincia diminue les dettes, en permettant au débiteur d'imputer sur le capital les intérêts soldés, et de rembourser le surplus par trois payements partiels.

Quelques années plus tard, le taux fut réduit au *semi-unciarium fœnus*.

Le tribun du peuple Genucius voulut aller plus loin : il tenta de faire interdire le prêt à intérêt. Réussit-il? On ne le sait pas, Tacite et Tite-Live étant en désaccord sur ce point. Toujours est-il que plus tard Jules César fut obligé de faire porter une loi contre les usuriers qui exigeaient des intérêts trop élevés.

Enfin un senatus-consulte, rendu l'an 703 de Rome, porte le taux maximum à 12 p. 100 par an. A partir de ce moment on cessa de compter les intérêts par l'as et ses subdivisions, pour se conformer à l'usage grec et calculer par centièmes, comme nous le faisons encore aujourd'hui.

Le taux de l'intérêt fut encore changé par une constitution de Justinien, et proportionné à la qualité des prêteurs. Aux personnes illustres il est défendu d'exiger plus de 4 p. 100 : « *Ideoque jubemus illus-* » *tribus quidem personis sive eas præcedentibus, mi-* » *nime licere ultra tertiam partem centesimæ usurarum* » *nomine in quocumque contractu vili vel maximo sti-* » *pulari.* » (C. lib. VI, t. xxxii, 1, L.) Les commerçants ordinaires peuvent aller jusqu'à 8 p. 100 ; mais « *in* » *trajecticiis autem contractibus vel specierum fœ-* » *nori dationibus, asque ad centesimam tantummodo* » *licere stipulari nec eam excedere ; licet veteribus* » *legibus hoc erat concessum.* » — L'empereur tient compte aussi de la condition de l'emprunteur : ainsi, d'après la novelle 32, personne ne saurait exiger des cultivateurs un taux supérieur à 4 p. 100.

Dans le cas où les parties auraient stipulé des intérêts sans déterminer le chiffre, elles seront réputées avoir prêté gratuitement. On faisait une exception pour les banquiers, que l'on supposait, sauf stipulation contraire, donner leurs fonds à 8 p. 100.

Pour assurer l'exécution de ces mesures, l'empereur prohibe tout prêt fait par personnes interposées.

Supposons maintenant que l'emprunteur ait payé desintérêts supérieurs au taux légal, qu'arrivera-t-il ? Une disposition des Douze tables, tombée en désuétude, puis remise en vigueur par Valentinien III et Théodore II, infligeait la peine du quadruple au prêteur. Les jurisconsultes au contraire se contentaient de faire imputer sur le capital les [intérêts illégalementpayés, et dans le cas où le capital n'était plus dû, d'accorder la *condictio indebiti*. C'est à ce dernier système que Justinien s'arrêta.

Enfin les intérêts payés ou non s'arrêteront dès qu'ils auront produit une somme égale au capital. C'est une inovation de Justinien : au temps des jurisconsultes un tel résultat était produit alors seulement que l'intérêt légalement dû n'avait pas été payé pendant un temps assez long pour que le double du capital fût actuellement dû.

III

Les intérêts moratoires semblent une conséquence des intérêts conventionnels. Quand on admet que l'argent produit tel revenu déterminé, il semble naturel de décider que, dans le cas où un débiteur est en retard pour payer, il a empêché son créancier de placer son argent, et doit être condamné à payer le taux légal, comme indemnité ; c'est aussi ce que décidaient les Romains relativement aux contrats de bonne foi ; mais appliquaient-ils la même doctrine au *mutuum*, improductif de sa nature.

Posons bien la question. Les fruits que peut produire une chose sont de trois sortes : naturels, industriels ou civils. Les fruits civils s'appellent plus particulièrement intérêts, usure.

Dans les contrats de bonne foi, les fruits et les intérêts courent à partir de la demeure ; « in bonæ
» fidei contractibus usuræ ex mora cucurrunt. » (D.
, XVII, t. 1, l. 32, § 2.)

Dans les contrats *stricti juris*, on doit les fruits
tantôt *ex mora*, antôt *ex lite contestata* : « Si ac-
» tionem habeam ad id consequendum, quod meum
» non fuit, veluti ex stipulatu, fructus non consequor
» etiamsi mora facta sit. Quod si acceptum est judi-
» cium, tunc Sabinus et Cassius, ex æquitate fructus
» quoque post acceptum judicium præstandos putant,
» ut causa restituatur : quod puto recte dici. »

Il s'agit de savoir, si, dans les contrats *stricti juris*,
la règle est la même pour les intérêts que pour les
fruits.

M. de Savigny tient pour l'affirmative; voici
sur quels arguments il appuie sa thèse :

1. « Usuræ vicem fructuum obtinent: et merito non
» debent a fructibus separari : et ita in legatis et
» fideicommissis et in tutelæ actione; et in cæteris
» judiciis bonæ fidei servatur. Hoc idem igitur in cæte-
» ribus obventionibus dicemus. » Dig. lib. XXII, t. 1,
l. 34.) Ce texte est d'Ulpien, qui applique aux legs
son assimilation des intérêts aux fruits. Mais quand le
legs produit un droit de créance, il donne naissance
à une *condictio*, action *stricti juris*. Donc, au point
de vue des intérêts, le principe est le même pour les
actions de bonne foi et les actions *stricti juris*.

2. « Lite contestata usuræ currunt. » La loi ne
distingue pas : cette disposition s'applique aux con-

trats *stricti juris* comme aux contrats de bonne foi.

Le premier texte, invoqué par M. de Savigny, a besoin d'être complété par un passage de Gaïus : « Fidei commissorum usuræ et fructus debentur, si modo moram solutionis fecerit qui fidei » commissum debebit; legatorum vero usuræ non de- » bentur, id inscripto divi Hadriani significatur. » Scio tamen Juliano placuisse in eo legato quod si » ensindi modo relinquitur, idemque juris esse quod » in fideicommissis; quam sententiam et his tem- » poribus magis obtinere video. » Concluons-en qu'Ulpien parlait uniquement du legs *sinendi modo* et que le legs *sinendi modo* donne lieu à des intérêts, parce qu'on l'assimile aux contrats de bonne foi. On demeurera convaincu que cette interprétation est la vraie, si l'on veut bien lire attentivement la phrase alléguée : *« Ita in legatis..... et in cæteris judiciis bonæ » fidei, »* est-il dit. Voilà qui nous semble décisif.

3° Le texte de Paul : « *Lite contestata usuræ cur-runt.* » C'est une phrase détachée : pour comprendre son étendue, il faudrait lire ce qui précède. Elle est extraite du lib. 59 *ad edictum.* Or voici une autre disposition de ce lib. 59 *ad edictum* : « Novatione le- » gitime facta liberantur hypothecæ et pignus, usuræ » non currunt. » Il est probable que le premier passage venait après celui-ci pour le compléter. Paul fait une comparaison entre la novation et les effets de la *litiscontestatio* : il montre que, dans le cas d'une novation, les intérêts stipulés pour la première créance ne couront plus; que si au contraire il y avait eu *litiscontestatio* les intérêts continueraient de courir comme par le passé. Il y a loin de là au sens donné par M. de Savigny.

Mais il ne suffit pas de réfuter, il faut encore prouver. Voici un texte très-clair : « Usura pecuniæ » quam percipimus in fructu non est ; quia non ex » ipso corpore, sed ex alia causa, id est ex nova » obligatione. »

Donc, dans les contrats *stricti juris* et par conséquent dans le *mutuum*, jamais les intérêts ne sont dus *ex mora*.

CHAPITRE III.

DROIT CANONIQUE.

SOMMAIRE. — I. La question de l'intérêt et de l'usure n'a jamais été décidée doctrinalement par l'Eglise. — II. Principales lois canoniques qui ont été portées contre les usuriers. — III. Pourquoi l'Église a poursuivi les usuriers avec tant de rigueur.

I

Les théologiens distinguent le dogme, la morale et la discipline : trois choses fort différentes.

Le dogme, c'est la vérité religieuse définie, et proposée aux fidèles comme objet de foi. — La morale, c'est la conséquence pratique du dogme, la règle absolue qui doit diriger les volontés. — La discipline enfin consiste dans les mesures que l'autorité ecclésiastique adopte, et dans les actes qu'elle prescrit, suivant les diverses circonstances de temps et de lieu, pour assurer le respect de la morale. — Tout en se développant et se précisant dans le cours des siècles, le dogme et la morale demeurent invariables : l'Église, qui les enseigne doctrinalement, ne serait plus infaillible, si elle venait jamais à les modifier. La discipline au contraire est essentiellement, muable comme le droit positif, dont elle constitue une variété.

Supposons que l'Église prohibe tel ou tel acte : cela signifie-t-il que cet acte est mauvais en soi, qu'à aucune époque il ne saurait être licite ? Évidemment non : peut-être est-ce seulement les circonstances présentes qui le rendent illégitime; peut-être aussi n'a-t-il rien d'immoral en lui-même, mais sert-il à dissimuler une injustice qu'il faut absolument combattre? Si l'autorité ecclésiastique n'a pas nettement déterminé qu'elle entendait définir une doctrine, toute prohibition de ce genre doit être considérée comme purement disciplinaire.

Ces notions sont très-connues, très-vulgaires : nous avons pourtant cru devoir les rappeler, en commençant ce chapitre, parce qu'on oublie presque toujours de les appliquer à notre question.

Beaucoup de lois ont été portées par les conciles, dans les siècles passés, qui défendent toute stipulation d'intérêts : faut-il en conclure que la gratuité du prêt est un article de foi ? La négative ne fait pas de doute. Mais on prétend trouver dans l'Écriture sainte, dans la tradition et dans les canons des conciles, une définition positive de l'usure aussi large

que possible, et une condamnation dogmatique de
tout prêt à intérêt. Examinons cette thèse.

1° *Écriture sainte.* — Voici les textes qu'on invoque :

Si *attenuatus fuerit frater tuus et infirmus* manu, et
susceperis eum quasi advenam et peregrinum, et
vixerit tecum, — ne accipias usuras ab eo, nec amplius quam dedisti. Time Deum tuum, ut vivere possit
frater tuus apud te. — Pecuniam tuam non dabis ei
ad usuram, et frugum superabundantiam non
exiges. » (Levit. xxxv, 35, 34, 37.)

Non fœnerabis fratri tuo ad usuram pecuniam, nec
fruges, nec quamlibet aliam rem : — sed alieno. Fratri
autem tuo absque usura id, *quo indiget*, commodabis ;
ut benedicat tibi dominus Deus tuus in omni opere
tuo in terra, ad quam ingredieris possidendam. »
(Deuter. xxiii, 19, 20.)

« Si pecuniam mutuam dederis *populo meo pauperi*
qui habitat tecum, non urgebis eum quasi exactor
nec usuris opprimes. » (Exod. xxii, 25.)

Tous ces textes sont empruntés à l'Ancien Testament.
Qu'y trouvons-nous ? L'interdiction de demander aucun intérêt à celui qui emprunte pressé par l'indigence, la condamnation de ces usuriers qui spéculent
sur la misère de leurs frères : « Si attenuatus fuerit
frater... id quod indiget... populo meo pauperi, » est-
il dit partout. Mais où voit-on qu'il soit défendu
de confier ses fonds à un industriel, et de percevoir
un bénéfice ? Nulle part Dans la mise en exercice du
capital, l'entrepreneur est agent : il se présente
comme puissance, les qualifications de *pauper*, d'*atte-*

nuatus ne sauraient nullement lui convenir. Le prêteur ne peut être considéré comme opprimant l'entrepreneur, puisqu'il subit l'action, au lieu de l'imprimer. Il est donc faux que tout prêt à intérêt soit
réprouvé par la loi des Juifs. Mais il y a plus : le
Nouveau Testament donne complétement raison à
notre doctrine. Je passe sous silence le *nihil inde*
sperantes, qui est expliqué partout. Mais voici une
parabole, que nous ne pouvons pas négliger : « Sicut
» enim homo pereger profisciscens, vocavit servos
» suos et tradidit illis bona sua. — Et uni dedit quin-
» que talenta, alii autem duo, alii vero unum, uni-
» cuique secundum propriam virtutem, et profectus
» est statim. — Abiit autem qui quinque talenta ac-
» ceperat, et operatus in eis, et lucratus est alia quin-
» que. — Similiter et qui duo acceperat, lucratus est
» alia duo. — Qui autem unum acceperat, abiens
» fodit in terram, et abscondit pecuniam domini sui.
» — Post multum vero temporis venit dominus
» servorum illorum, et posuit rationem cum eis. —
» Et accedens qui quinque talenta acceperat, ob-
» tulit alia quinque talenta dicens : Domine, quin-
» que talenta tradidisti mihi, ecce alia quinque su-
» perlucratus sum. — Ait illi dominus ejus : auge,
» serve bone et fidelis, quia super pauca fuisti fidelis,
» super multa te constituam, intra in gaudium do-
» mini tui. — Accedens autem et qui unum talentum
» acceperat, ait : Domine, scio quia homo durus es,
» metis ubi non seminasti, et congregas ubi non spar-
» sisti : et timens abii, et abscondi talentum tuum in

» terra; ecce habes quod tuum est. — Respondens
» autem dominus ejus, dixit ei : serve male et piger,
» sciebas quia meto ubi non semino, et congrego
» ubi non sparsi : — oportuit ergo te committere
» pecuniam meam nummulariis, et veniens ego acce-
» pissem utique *quod meum est cum usura.* — Tollite
» itaque ab eo talentum, ac date ei qui habet decem
» talenta. — Omni enim habenti dabitur et abunda-
» bit : ei autem qui non habet, et quod videtur
» habere auferetur ab eo. — Et inutilem servum
» ejicite in tenebras exteriores : illic erit fletus, et
» stridor dentium. ».

Ainsi voilà un serviteur condamné pour n'avoir
pas placé à intérêt le talent de son maître chez un
banquier. En faut-il davantage ? N'est-il pas évident
que, d'après l'Écriture sainte, on peut licitement,
au moins dans certains cas, tirer profit de l'argent
prêté ? Je sais bien les objections que l'on fait à notre
interprétation ; mais elles reposent sur des hypothèses tellement improbables, qu'il n'y a pas lieu de s'y
arrêter.

2° *La tradition.* — On allègue que les pères et
les docteurs n'ont cessé de condamner le prêt à intérêt. Nous avons sous les yeux un gros volume,
composé uniquement de passages empruntés aux
écrivains sacrés. Nous n'en reproduirons aucun : nous
nous contenterons de dire comment les a interprétés
le cardinal de la Luzerne. Le sens que leur donne
cet éminent théologien est du reste celui qui se présente immédiatement à tout esprit non prévenu.

Les Pères, pas plus que la Bible, ne donnent une définition bien nette de l'usure condamnée. Souvent ils prennent la défense du pauvre contre des prêteurs qui abusent indignement de leur richesse ; ils qualifient sévèrement une conduite si contraire à la charité et même à la justice. Mais d'autres fois nous les voyons considérer le prêt à intérêt comme parfaitement légitime. Le cas est beaucoup plus rare, il est vrai, mais faut-il s'en étonner? N'est-il pas bien naturel que des évêques, des prêtres, des moines, des saints, appelés à prêcher la vertu, parlent beaucoup aux hommes de leurs devoirs et peu de leurs droits?

A partir des xiie et xiiie siècles, un changement profond se manifeste dans la doctrine des théologiens. Toute stipulation d'intérêts est réprouvée. On n'admet plus aucune espèce de distinction. Les arguments, que l'on emploie comprennent tous les cas possibles. On reprend la théorie du *mutuum*, telle que l'a exposée Justinien ; mais on oublie la stipulation qui pouvait accompagner ce contrat. — L'attitude nouvelle des docteurs s'explique facilement par l'état social au sein duquel ils vivaient. La guerre avait détruit tout commerce, toute industrie ; l'esprit de conquête remplaçait l'esprit d'entreprise, on combattait sans cesse, on se ruinait pour s'armer ; et, quand on empruntait, ce n'était pas pour créer la richesse, c'était uniquement pour consommer ; il n'y avait pas de capitalistes, mais rien que des usuriers. Comment dès lors les docteurs auraient-ils pu songer à un contrat qui n'était pratiqué nulle part, et établir sa légitimité? Mais à mesure que le désordre des temps féodaux fit place au calme et à la sécurité, on vit le travail prendre son rang dans la société, et un nombre toujours croissant de théologiens se mit à soutenir ce qu'on appela le prêt de commerce.

Voilà l'histoire. Il est donc très-faux de dire que tout prêt a intérêt soit condamné par la tradition catholique.

3° *Les décrets des papes.* — Le recueil des décrétales contient plusieurs décisions contraires à l'intérêt; mais il suffit de les lire pour reconnaître qu'aucune ne s'applique au prêt de commerce. Et quand même il en serait autrement, on ne pourrait en tirer aucune conclusion : car elles ne présentent pas du tout la forme de définitions doctrinales. Mais voici un passage où Benoît XIV enseigne formellement que, dans certains contrats, différents du *mutuum*, l'argent prêté peut donner un profit. Il est extrait de l'encyclique *Vix pervenit,* adressée d'abord aux évêques d'Italie, et ensuite à tout l'univers catholique : « Peccati genus illud, quod usura vocatur,
» quodque in contractu mutui propriam sedem
» suam et locum habet, in eo est repositum, quod
» quis ex ipso mutuo, quod suapte natura tantum
» duntaxat reddi poterat, quantum receptum est,
» plus sibi reddi velit, quam est acceptum; ideoque
» ultra sortem, lucrum aliquod ipsius ratione mutui
» sibi deberi contendat. Omne propterea hujusmodi

» lucrum, quod sortem superest, illicitum et usura-
» rium est. Per hæc autem nequaquam negatur,
» posse quandoque una cum mutui contractu quos-
» dam alios, ut aiunt, titulos, eosdem ipsimet naturæ
» mutui minime innatos et intrinsecos forte concurrere,
» in quibus justa omnino legitimaque causa consurgat·
» per alios prorsus diversæ naturæ a mutui contractu,
» recte collocari et impendi, sive ad proventus sibi
» annuos conquirendos, sive etiam ad licitam merca-
» turam et negociationem exercendam, honestaque in-
» didem lucra percipienda. »

4° *Les canons des conciles.* — Il est certain qu'un nombre considérable de conciles a condamné l'usure comme une injustice : celui de Vienne, qui fut œcuménique, a même déclaré que la doctrine contraire était une hérésie. Mais qu'est-ce que l'usure? L'Église ne l'a jamais dit. On ne saurait donc être obligé de croire que tout prêt à intérêt soit une iniquité.

Concluons cette trop longue discussion. On ne peut douter qu'il n'y ait un péché d'usure. Mais en quoi consiste-t-il? C'est un point qui n'est pas encore décidé, et qui demeure livré aux disputes des hommes.

Les diverses lois portées contre les usuriers sont des mesures purement disciplinaires : nous allons leur appliquer les principes que nous avons établis dans le premier chapitre de cette 2° partie. Notons toutefois une différence capitale entre le pouvoir ecclésiastique et les législateurs ordinaires : ceux-ci ont pour mission de suivre le progrès et de le sanctionner; l'Église au contraire pousse le société en avant; agissant sur les cœurs, elle doit et peut s'attaquer aux mœurs dans la mesure qu'il lui semble opportun.

II

Examinons d'abord, en suivant l'ordre chronologique, les principales mesures prises par l'Église contre les usuriers.

Le 44ᵉ canon des apôtres, aux ııᵉ ou ıııᵉ siècle, porte : « Episcopus aut presbyter, aut diaconus » usuras a debitoribus exigens, aut desinat aut certe « damnetur. »

Au ıvᵉ siècle, les conciles d'Elvire (305), d'Arles (314), de Nicée (325, 1ᵉʳ concile général de ce nom), de Laodicée, de Carthage, d'Hippone renouvellent la même défense, et frappent de dégradation tout clerc qui prêterait à intérêt.

La même décision est portée par les conciles de Carthage (419), de Tours (461), d'Adge (506), d'Orléans (525), de Tolède, de Northumberland (787), d'Aix-la-Chapelle, de Mayence (813), de Reims (813), de Chalon-sur-Saône (815), d'Aix-la-Chapelle (816), de Paris (829), de Meaux (845), de Worms (868), de Gironne (1068), de Poitiers (1073), de Londres (1125), de Tours (1165).

Avec le temps on va plus loin. Les conciles de Pavie (850), de Reims (1089), de Latran (1139,

œcuménique, 2ᵉ du nom), de Latran (1179, œcuménique, 3ᵉ du nom), de Montpellier (1195), de Paris
(1212), de Latran (1215, 4ᵉ du nom), de Château-
gontier (1231), d'Arles (1234), d'Alby (1254), de
Montpellier (1250, de Cologne (1266), de Vienne
en Autriche (1267), de Sens (1269), de Lyon (œcuménique 1274), d'Arles (1275), de Cologne (1280),
de Lambeth (1281), d'Avignon (1282), de Tours
(1282), de Ravenne (1286), de Bourges (1286), de
Wurtzbourg (1287), de Noyon, de Penafiel (1500),
d'Auch (1308), de Trèves (1310), de Vienne (œcuménique, 1311), de Ravenne, 14ᵉ (1317), de Com-
piègne (1329), de Tarragone (1329), de Salamanque
(1325), de Paris (1346), de Lavaur (1361), de Saltz-
bourg (1386), de Huningue (1410), de Rouen (1445),
d'Avignon (1457), de Sens (1524), de Milan (1569),
de Reims (1583), de Bourges (1584), de Mexico
(1585), de Cambrai (1586), de Toulouse (1590),
d'Avignon (1594), de Malines (1607). Tous défendent aux laïques de prêter à intérêt ; et les peines
les plus sévères (ex-communication, refus de sépul-
ture ecclésiastique, confiscation de tous les biens)
sont portées contre les usuriers, qu'il est même défendu aux fidèles de supporter sur leurs terres.

Aujourd'hui, les stipulations d'intérêts sont tolé-
rées, pourvu qu'on n'excède pas le taux fixé par la
loi civile.

Ainsi trois périodes bien distinctes : 1° jusque
vers le xᵉ siècle, tout le monde, sauf les clercs, peut
licitement prêter à intérêt : l'Eglise reconnaît sans

doute déjà, et combat le péché d'usure; mais elle ne juge pas qu'il y ait encore lieu de prendre des mesures rigoureuses, soit que la mise en exercice du capital étant très-pratiquée, elle craigne d'entraver le commerce, soit que les mesures publiques offrent une trop grande résistance ; 2° arrivent les invasions des Northmans, la féodalité, les croisades. On n'emprunte plus pour soutenir l'industrie, on est uniquement poussé par l'indigence. Il ne saurait plus y avoir des capitalistes, mais seulement des usuriers : il faut sévir, c'est ce que font les conciles. Au bout de quelques siècles, le commerce recommence à être pratiqué; l'Église va-t-elle lever ses prohibitions si générales? Non, ce serait imprudent, car en même temps s'abat sur la société une nuée d'usuriers, juifs, lombards, caoursins; ces hommes sans conscience abusent indignement de leur richesse pour opprimer ; on les traitera avec toute la rigueur possible. Mais en même temps on s'efforce de faciliter toutes les transactions légitimes : c'est d'abord les rentes constituées qu'autorise le pape Martin V; c'est ensuite le droit de réclamer des intérêts dans les cas du *lucrum cessans*, du *damnum emergens* et du *periculum sortis*, qui est consacré par le 5ᵉ concile de Latran en 1515; c'est enfin le contrat de société qui a toujours été permis et qu'on ne cesse de favoriser; 3° enfin les placements d'argent deviennent tellement faciles, il y a tant et tant d'emprunts industriels, que tout prêteur est ordinairement dans le cas du *lucrum cessans* ou du *damnum emergens*.

L'usure ne saurait guère s'exercer que par l'exagération du taux ; l'Église doit porter sa vigilance sur
ce seul point. Voilà le motif des dernières décisions.

III

Le simple exposé qui précède suffirait à expliquer
et à justifier la conduite de l'Église. Mais il est une
objection qu'on ne cesse d'élever, et qui rentre trop
directement dans notre sujet pour être passée sous
silence. On prétend que les papes et les conciles ont
tout mis en œuvre pour empêcher le progrès. Il
faut donc développer les raisons qui ont porté l'É-
glise à se montrer si rigoureuse envers les usuriers.

Pourquoi tant de sévérité ? Je réponds parce qu'il
y a antipathie entre le catholicisme et l'esclavage.
Par l'esclavage les hommes sont assimilés aux choses, perdant toute spontanéité, toute initiative. Leur
activité est subordonnée à celle d'autrui : rien de
plus opposé au droit, mais aussi quoi de plus contraire à la doctrine de Jésus-Christ ? L'homme-Dieu
est venu sur la terre pour pousser les hommes à
l'action ; avant lui, nous n'étions mus que par l'intérêt, la passion et certaines sympathies morales : il
nous a apporté la charité le plus énergique, comme
le plus pur de tous les stimulants.

Mais pour que ses desseins fussent accomplis, il
fallait des individualités libres de se déployer et à
l'abri de toute compression. Aussi voyons-nous

l'Eglise dès les premiers temps revendiquer sans cesse les droits de la personnalité humaine ; et bientôt l'esclavage tombe sous ses anathèmes. Mais à peine avait-elle accompli cette grande œuvre, qu'elle vit avec douleur les deux principales causes du mal reprendre tout leur empire : je veux parler des guerres privées et de l'usure. La première est la seule qui soit indiquée par les jurisconsultes romains. Mais je ne crois pas que la seconde ait agi moins activement dans l'antiquité. Pressé par la nécessité, un homme vous emprunte : il aura de la peine à vous rendre ; mais si vous abusez de sa situation malheureuse, si vous l'accablez d'intérêts, bientôt sa fortune entière se suffira pas à vous payer, et ce qu'il pourra acquérir par son travail, il vous le devra d'avance. Le voilà réduit à l'impossibilité de vivre : il n'a plus qu'un moyen, se donner entièrement à vous. C'est ce qui serait arrivé constamment à une époque aussi agitée que fut le moyen âge, où rien n'était encore fondé ; si cette même autorité qui sut mettre un frein à la fureur des combats, qui força les esprits les plus guerriers à subir la trêve de Dieu, et qui finit par détourner les chrétiens de leurs luttes fratricides, en les unissant contre l'ennemi commun de toutes les civilisations, et en leur montrant le tombeau du Christ comme une conquête digne d'exciter les plus nobles courages, ne s'était placé devant les usuriers, et ne leur avait dit : Au nom de Dieu, au nom de la liberté, vous n'irez pas plus loin.

Ainsi empêcher l'usure, c'était d'abord tarir l'une

des sources de l'esclavage, mais c'était aussi permettre à l'industrie de prendre son essor. Quand on parle aujourd'hui du capital, les regards se portent instinctivement vers nos grandes entreprises, et on juge du passé d'après ce que l'on voit autour de soi. C'est une très-dangereuse illusion, contre laquelle on ne saurait trop se mettre en garde. Au temps, dont nous parlons, il n'y avait ni grands capitaux, ni dispendieuses machines. L'ouvrier travaillait chez lui et gagnait péniblement sa vie. S'il était contraint d'emprunter pour acheter ses quelques outils, le riche devait-il exiger des intérêts ? En droit il le pouvait, mais le pauvre travailleur allait être réduit à la misère et peut-être obligé de tomber en servage. La charité faisait donc un devoir de lui prêter gratuitement, et ce devoir était d'accord avec l'intérêt social. Sans l'assistance chrétienne l'industrie serait demeurée dans cet état rudimentaire, qu'a seul connu l'antiquité. On rencontrait bien, je le sais, des capitaux assez importants et très-productifs dans les entreprises de transport ; mais à ceux qui exerçaient un tel négoce il était permis de prêter à intérêt, car on se trouvait toujours dans le cas du *periculum sortis*, tant les routes offraient peu de sécurité. Quant aux quelques autres commerces, assez rares d'ailleurs, qui exigeaient beaucoup de fonds, ils étaient soutenus par des sociétés qui offraient la meilleure combinaison à une époque où l'esprit industriel n'avait pas encore pris un grand développement.

CHAPITRE IV.

DROIT FRANÇAIS.

SOMMAIRE. — I. Historique de la législation antérieure à la loi de 1807. — II. Dispositions des lois qui régissent actuellement l'intérêt et l'usure. — III. Réformes proposées.

I

Jusqu'en 1789 les lois portées contre les usuriers sont toutes inspirées par le droit canonique. Fidèle à son rôle, le pouvoir royal sanctionnait les progrès obtenus par l'Église. Un capitulaire de 789 porte : « *Omnino omnibus interdictum est ad usuram aliquid dare.* » Un autre de 813 : « *Usuram non solum clerici, sed nec laici christiani exigere debent.* » En 1274 Philippe III, renouvelant une mesure déjà prise par saint Louis, ordonne aux baillis d'expulser sous deux mois les usuriers étrangers, et de faire observer la même chose aux juges des seigneurs, sans préjudicier pourtant au commerce légitime des marchands non français : « *Præmissa autem volumus,* » ajoute le roi, *sub pœna amissionis corporis et bonorum observari.* » En juillet 1311, Philippe le Bel, étant à l'abbaye de Montbuisson, rend une ordonnance par laquelle il défend l'usure, sous la même peine de perte de corps et de biens, quand elle dépasse un certain taux ; pour les usures moins consi-

dérables, l'ordonnance de Paris (8 décembre 1312)
en abandonne le châtiment à l'arbitrage du juge.
François Ier (1535), Charles IX (1567), Henri III (1576)
disposent absolument de même. L'ordonnance de
Blois, en 1579, contient les prescriptions suivantes :
« Art. ccii.—Faisons inhibitions et défenses à toutes
» personnes, de quelque état, sexe et condition
» qu'elles soient, d'exercer aucune usure, ou prêter
» deniers à perte de finance par eux ou par autre,
» encore que ce fût sous prétexte de commerce, et
» ce sur peine, pour la première fois, d'amende ho-
» norable, bannissement et condamnation de grosses
» amendes, dont le quart sera adjugé aux dénon-
» ciateurs ; et pour la seconde, de confiscation de
» corps et de biens ; ce que semblablement nous
» voulons être observé contre les proxénètes, média-
» teurs et entremetteurs de ces trafics et contracts illi-
» cites et réprouvés : sinon au cas qu'ils vinssent
» volontairement à révélation, auquel cas ils seront
» exempts de ladite peine. — Art. ccclxii. Enjoi-
» gnons à tous juges de garder et faire garder très-
» étroitement l'ordonnance faite sur la revente des
» marchandises qu'on appelle perte des finances ;
» et non-seulement dénier action à tels vendeurs
» et supposeurs de prêt, mais aussi procéder rigou-
» reusement contre eux et contre leurs courtiers et
» racheteurs, qui se trouveront sciemment être
» pratiquant de tels trafics et marchandises illicites,
» par mulctes, confiscations de biens, amendes hono-
» rables et autres peines corporelles, selon les circon-

» stances, et sans aucune dissimulation ou conni-
» vence. »

L'ancien droit nous fournit encore bien d'autres
actes législatifs, mais nous ne pouvons pas les énu-
mérer tous, ce qui présenterait, du reste, fort peu
d'intérêt, les plus nouveaux se contentant presque
toujours de répéter les précédents. Notons, toutefois,
que les prohibitions étaient de temps à autre levées,
en faveur de certaines personnes, ou dans telles circonstances déterminées. On a prétendu que c'était
une inconséquence; nous ne saurions partager cette
opinion. Pourquoi les rois n'auraient-ils pas permis
de prêter à intérêt dans les cas où, par exception,
l'usure n'était plus a craindre? pourquoi n'auraient-
ils pas accordé des dispenses à ceux pour qui leurs
ordonnances n'étaient point faites? En vérité, nous
ne le saurions comprendre.

Arrive 1789, on reconnaît qu'il n'y a plus lieu
d'empêcher le prêt à intérêt; mais que le taux doit
être fixé par la loi.

Le 11 avril 1793, la Convention, espérant par là
faciliter la circulation des assignats, interdit le commerce des espèces sur toute l'étendue du territoire
français. Cette mesure est rapportée le 6 floréal
an 3, pour être rétablie le 2 prairial de la même
année.

Enfin, est portée la loi du 5 thermidor an 4 dont
voici le premier article : « A dater de la publication
» de la présente loi, chaque citoyen sera libre de
» contracter comme bon lui semblera : les obliga-

» tions qu'il aura souscrites seront exécutées dans
» les termes et valeurs stipulés. »

Dès lors, l'intérêt fut libre. C'est le triomphe des idées de Turgot : les rédacteurs du Code civil maintinrent cet état de choses, non sans grandes hésitations; et l'art. 1907 fait entrevoir une loi limitative du taux. Cette loi, c'est celle de 1807, que les excès des usuriers rendirent nécessaire et qui nous régit encore aujourd'hui. Il convient de l'étudier avec soin, en la combinant avec les articles du Code relatifs à notre question.

II

« Le prêt de consommation est un contrat par
» lequel l'une des parties livre à l'autre une certaine
» quantité de choses, qui se consomment par le pre-
» mier usage, à la charge par cette dernière de lui
» en rendre autant de même espèce et qualité. » —
C'est ainsi que l'art. 1892 du Code civil définit le prêt, pouvant servir de base aux intérêts. Il y a, dans les termes employés, une double erreur, qu'il est très-important de relever : 1° La dénomination de contrat est attribuée à une action incomplète, qui attend sa réaction, et non à un accord de volontés. C'est la théorie du *mutuum* introduite fort mal à propos dans notre droit. A Rome elle était tout à fait irréprochable, parce que nulle convention

n'était obligatoire, si elle n'avait revêtu une forme matérielle ou reçu un commencement d'exécution. Mais, étant admis le principe que le seul consentement oblige, on doit soigneusement distinguer le prêt et le contrat de prêt. Il aurait fallu dire : « Le » contrat de prêt de consommation a lieu quand » l'une des parties prend l'engagement de donner à » l'autre une certaine quantité de choses, qui se » consomment par le premier usage, à la charge par » cette dernière de lui en rendre autant de même » espèce et qualité. » 2° Ce n'est pas le prêt, ainsi exposé, qui donne naissance aux intérêts ; mais bien la mise en exercice du capital. Si cette seconde action n'était pas aussi généralement pratiquée à notre époque, la première ne serait pas presque toujours accompagnée de *lucrum cessans*, ou de *damnum emergens*; et le législateur n'aurait pu permettre de rendre productif tout prêt ayant pour objet des choses fongibles. Pourquoi donc, dans un exposé de principes, la mise en exercice du capital n'est-elle même pas mentionnée ?

Art. 1905. « Il est permis de stipuler des inté-» rêts pour simple prêt soit d'argent, soit de denrées, » ou autres choses mobilières » Voilà encore une disposition qui ne nous semble pas très-logique. Permettre de stipuler des intérêts pour tout prêt , c'est admettre qu'on peut toujours prêter les choses fongibles à un homme qui les rendra productives, et qu'en faisant autrement, le prêteur s'impose un sacrifice et mérite indemnité. Pourquoi, dès lors, ne pas décider que tout prêt de consommation donnera lieu à des intérêts, sauf stipulation contraire ? Ce serait conforme au principe, que les libéralités ne se présument pas.

Art. 1906 (C. N.). « L'emprunteur qui a payé » des intérêts qui n'étaient pas stipulés ne peut ni » les répéter, ni les imputer sur le capital. » Quel est le sens de ce texte ? il paraît fort clair : Je vous emprunte cent francs; vous ne stipulez pas d'intérêts, mais vous ne me dispensez pas non plus de vous en payer. Si au bout du temps convenu je me contente de vous restituer votre capital, vous perdez le profit que vous pouviez légitimement obtenir en le plaçant dans quelque industrie. Vous ne m'avez pas dit que vous consentiez à vous imposer ce sacrifice pour moi : la délicatesse me fait donc un devoir de vous payer des intérêts. Il y a pour moi obligation naturelle, obligation de droit rationnel, à défaut d'obligation civile.

Et l'art. 1235 porte : « La répétition n'est pas » admise à l'égard des obligations naturelles, qu » ont été volontairement acquittées. » Mais j'ai peut-être employé votre argent dans un commerce et retiré un grand bénéfice : on conçoit alors combien plus impérieusement ma conscience me commande de vous indemniser et, combien je serais peu fondé à exercer une action en répétition, si je vous avais volontairement donné 4 ou 5 p. 100.

L'art. 1906 ne signifie pas autre chose : c'est une application pure et simple de l'art. 1235, l'emprunteur étant toujours, sauf stipulation contraire, naturellement obligé à payer des intérêts, et la remise de ces intérêts faisant supposer que le prêteur n'avait pas renoncé à son droit.

Une autre interprétation a été proposée. L'art. 1907 semble exiger que les stipulations d'intérêts soient constatées par écrit : cela étant, on soutient que l'art. 1906 vise le cas où l'emprunteur se serait engagé à payer des intérêts sans que sa promesse ait été relatée dans un écrit. Il y aurait alors obligation naturelle; par suite, toute répétition serait impossible. Ce système nous paraît inadmissible : 1° Il est contredit par le texte même de l'art. 1906 : « L'em- » prunteur qui a payé des intérêts *qui n'étaient* » *pas stipulés*, » est-il dit; donc le cas où *des intérêts ont été stipulés* n'est pas en question. 2° L'art. 1906 est placé avant l'art. 1907, et ne doit pas se rapporter à une disposition législative qui vient après lui.

Art. 1907. « L'intérêt est légal ou conventionnel. » L'intérêt légal est fixé par la loi. L'intérêt conven- » tionnel peut excéder celui de la loi toutes les fois » que la loi ne le prohibe pas. Le taux de l'intérêt » conventionnel doit être fixé par écrit. » La dernière disposition de cet article serait inexplicable, si l'on ne songeait qu'avant 1807 aucune loi ne restreignait le taux de l'intérêt. Il fallait mettre au moins un frein moral aux entreprises des usuriers; et le législateur pensa que ceux-ci se montreraient plus modérés quand il faudrait donner la preuve écrite de leurs exigences, qu'ils reculeraient devant la crainte du mépris public. Si donc l'acte ne porte pas très-clairement que des intérêts ont été stipulés, le prêt sera réputé gratuit : c'est ce que de très-nombreux arrêts ont décidé.

De même nous ne croyons pas admisible la prétention d'un prêteur, qui, a défaut de preuve écrite, voudrait démontrer par l'aveu de l'emprunteur, le serment, ou l'interrogatoire sur faits et articles, que des intérêts lui ont été promis. Cette décision est contestée. On soutient que l'art. 1707 écarte uniquement la preuve testimoniale. Les autres offrent, dit-on, un caractère de sûreté tout particulier ; car, émanant du défendeur, qui est, pour ainsi dire, fait juge dans sa propre cause, elles rendent très-vraisemblables les obligations que son témoignage élève contre lui. Cette observation est pleine de justesse, mais elle n'a rien à faire ici, notre article n'admet aucune espèce de distinction ; et quel est son but ? Nous l'avons dit, élever une barrière morale devant l'usure, forcer les oppresseurs des pauvres à fournir la démonstration durable de leur conduite : il devait donc rejeter toute preuve non écrite.

On a prétendu qu'en matière commerciale le prêt portait intérêt, indépendamment de toute stipulation. Cette opinion ne nous semble pas soutenable devant le texte formel de l'art. 1907.

La jurisprudence admet que les intérêts courent, en matière de comptes courants, sans qu'il soit besoin de convention écrite. La raison de décider ainsi se trouve dans ce fait, que deux personnes en compte courant sont mandataires l'une de l'autre ; et dans l'art 200 ainsi conçu : « L'intérêt des avances, » faites par le mandataire lui est dû par le man- » dant à dater du jour des avances constatées. »

Supposons une stipulation écrite d'intérêts, sans détermination du taux : que décider ? Sous le régime de la liberté, les uns soutenaient que l'emprunteur devait payer le taux habituel de la place ; les autres qu'à défaut de dispositions législatives il était complé-tement libéré par le remboursement du capital. Cette question n'a plus aucun intérêt pratique depuis la loi de 1807, qu'il est temps d'aborder.

La loi de 1807 ne change absolument rien aux dispositions du Code ; elle se borne à leur donner un complément, appelé par l'art. 1907. Elle établit que l'intérêt légal sera de 5 0/0 en matière civile et 6 0/0 en matière commerciale, et décide que l'intérêt conventionnel ne pourra jamais dépasser l'intérêt légal. Ses dispositions ne s'appliquent du reste qu'aux prêts d'argent, comme son intitulé l'indique : pourquoi ? Il serait difficile d'en rendre raison, si l'on ne se rappelait que la même anomalie se ren-contrait dans le droit romain.

Mais qu'est-ce qu'un prêt civil ! Qu'est-ce qu'un prêt commercial ? Les jurisconsultes ne sont pas d'accord. Suivant les uns, le prêt est commercial quand il a été fait par un commerçant ; il est civil dans le cas contraire. Suivant les autres, il ne faut point s'attacher à la qualité des personnes, mais seu-

lement à la nature de l'opération. Ce second système
a pour lui le texte de la loi ; « L'intérêt sera *en*
» *matière civile de 5 0/0, et en matière de com-*
» *merce, 6 /00,* » est-il dit.

Pourquoi cette différence de taux entre l'intérêt
civil et l'intérêt commercial? Elle ne devrait pas
exister : l'intérêt accordé en matière civile, servant
à indemniser le prêteur, qui aurait pu mettre ses
fonds dans quelque industrie. On allègue que le capitaliste court de plus grands risques quand il confie
ses fonds à un commerçant : mais nous avons vu
que ce n'était pas là un motif suffisant pour demander un intérêt plus considérable.

Art. 3 de la loi de 1807 : « Lorsqu'il sera prouvé
» que le prêt conventionnel à été fait à un taux excé-
» dant celui qui est fixé par l'art. 1er, le prêteur sera
» condamné par le tribunal, saisi de la contestation,
» à restituer cet excédant s'il l'a reçu, ou à souffrir
» la réduction sur le capital de la créance, et pourra
» même être renvoyé, s'il y a lieu, devant le tribunal
» correctionnel, pour y être jugé conformément à
» l'article suivant. » Ainsi les intérêts usuraires
seront restitués, si l'emprunteur s'est complétement
libéré, imputés sur la somme due dans le cas contraire. Mais les intérêts des sommes usuraires cour-
ront-ils de plein droit à partir du moment où elles
ont été données? En l'absence de toute disposition
législative, la Cour de cassation décidait négativement. Est survenue la loi de 1850 : elle porte que
lorsque, dans une instance civile ou commerciale, il

sera prouvé que le prêt conventionnel a été fait à
un taux supérieur à celui fixé par la loi, les percep-
tions excessives seront imputées de plein droit aux
époques où elles auront eu lieu, sur les intérêts
légaux alors échus et subsidiairement sur le capital
de la créance. Si la créance est éteinte en capital et
intérêts, le prêteur sera condamné à la restitution
des sommes indûment perçues, avec intérêt du jour
où elles auront été payées.

Par quel laps de temps l'usurier prescrit-il l'action
en restitution dont il est tenu ? Des auteurs, invo-
quant l'art. 1304 du Code Napoléon, ont soutenu que
la prescription s'accomplit par dix ans quand l'usure
s'est déguisée sous un contrat différent du prêt ; et
qu'elle est trentenaire dans l'hypothèse contraire.
Nous croyons qu'il n'y a aucune distinction à faire, et
que, dans tous les cas, l'usurier est à l'abri des poursuites seulement après trente ans. Que dit en effet
l'art. 1304, invoqué par les partisans de l'opinion
adverse ? Que « dans tous les cas où l'action en nullité
» ou en rescision d'une convention n'est pas limitée
» à un moindre temps par une loi particulière, cette
» action dure dix ans. » Mais la convention usuraire
n'est pas seulement viciée dans quelqu'un de ses
éléments, et par conséquent annulable : elle est radicalement nulle. Par conséquent on doit la considérer comme tout à fait en dehors de l'exception
faite en faveur des contrats rescindables.

Art. 4 (loi de 1807) : « Tout individu qui sera
» prévenu de se livrer habituellement à l'usure sera

» traduit devant le tribunal correctionnel, et, en cas
» de conviction, condamné à une amende qui ne
» pourra excéder la moitié des capitaux qu'il aura
» prêtés à intérêt. » — Une loi de 1850 a modifié
cette disposition et aggravé la pénalité.

Art. 5 (loi de 1807) : « Il n'est rien innové aux
» stipulations d'intérêts par contrats ou actes faites
» jusqu'au jour de la présente loi. » C'est-à-dire que
la loi de 1807 n'est pas rétroactive ; elle respecte les
droits acquis par les conventions, qui ont pu être
légitimement faites antérieurement. Ainsi je vous ai
emprunté une somme à 10 ou 15 p. 100 pour huit ans
en 1805 : la nouvelle loi ne change rien à notre situation ; jusqu'en 1813, je vous payerai l'intérêt stipulé,
car il y a pour vous droit acquis de le percevoir. En
vain alléguerait-on que la limitation du taux intéresse
l'ordre public : si le législateur avait cru nécessaire
de couper court immédiatement à l'usure, il aurait
admis la rétroactivité des mesures qu'il prenait.

Nous donnerons la même solution dans le cas où
le prêt aurait été fait avant 1807 pour un temps illi-
mité. L'emprunteur ne pourra invoquer la nouvelle
loi : qu'il restitue le capital, si les intérêts lui semblent trop onéreux.

Lorsqu'un prêt antérieur à 1807 est renouvelé,
l'intérêt doit être restreint dans les limites de la
nouvelle loi : car les parties font un nouveau contrat ;
et il n'y a plus aucun droit acquis, demandant à être
respecté.

Supposons que vous me deviez une somme, dès

avant 1807, et que vous me payiez 15 0/0 d'intérêts : arrive l'époque où le remboursement du capital doit être effectué. Le débiteur en demeure devra-t-il des intérêts moratoires à 15 p. 100 ou seulement à 5 p. 100? à 5 p. 100 : la raison en est fort simple ; si vous êtes condamné à me payer des intérêts moratoires, c'est pour que je sois indemnisé du tort que vous me faites en retenant mes fonds. Or je ne pourrais retirer que 5 p. 100 de mon argent : donc le dommage éprouvé par moi égale 5 p. 100 et pas davantage.

Nous venons de régler les cas où la loi de 1807 se trouve en conflit avec les dispositions antérieures : il faut dire aussi quelques mots sur le conflit très-fréquent entre la loi française et les lois étrangères, ou même coloniales.

En Angleterre, en Belgique, en Italie, en Espagne, en Hollande, en Suisse, en Portugal, aux États-Unis l'intérêt est libre ; à l'île Bourbon, son maximum est de 9 p. 100, et en Algérie il peut s'élever jusqu'à 12 p. 100; supposons que j'ai stipulé dans l'un de ces pays un intérêt dont le taux dépasse 5 ou 6 p. 100, que décider ? La convention devra être admise par les tribunaux français. Il est en effet de principe que, pour savoir si telle ou telle clause d'un contrat est licite, on doit examiner la loi du lieu où le contrat a été célébré : *locus regit actum, leges clauduntur territorio*. La raison en est qu'un acte valable à son origine ne pourrait devenir illicite par cela seul que les parties changent de résidence.

Le prêt contracté à l'étranger, s'il est renouvelé en

France, ne saurait plus donner un intérêt supérieur à 5 ou 6 p. 100.

Si le débiteur d'un prêt fait à l'étranger est mis en demeure en France, les intérêts ne s'élèveront pas au-dessus de notre taux légal. Nous avons donné plus haut le motif de cette décision.

Art. 1908 (C. N.) : « La quittance du capital, don- » née sans reserve des intérêts, en fait présumer le » payement et en opère la libération. » Voilà une pré- somption qui semble fort raisonnable. Le capital étant productif, et les intérêts ne l'étant pas, il est très-vraisemblable que le créancier ne manquera jamais d'imputer d'abord sur les intérêts les sommes à lui payées.

Mais cette présomption admet-elle la preuve con- traire ? La négative nous paraît incontestable. L'art. 1352 porte que « nulle preuve n'est admise » contre la présomption de la loi quand, sur le fon- dement de cette présomption, elle annule certains » actes ou dénie l'action en justice, à moins qu'elle » n'ait réservé la preuve contraire, et sauf ce qui » sera dit sur le serment et l'aveu judiciaire. » Eh bien, dans notre hypothèse, la loi dénie justement au créancier l'action en justice. L'article ne se contente pas de dire que la quittance du capital fera présu- mer le payement des intérêts, il ajoute : « et opère » la libération. »

Nous venons de décrire l'usure directe, celle qui est jointe au contrat de prêt. Mais presque tous les autres contrats peuvent contenir des fraudes à la loi de 1807; il convient donc d'étudier maintenant l'usure indirecte.

Le change doit-il être considéré comme une sorte de prêt à intérêt? Qu'est-ce que le change? « Le « change consiste, dit M. Edmond Degrange, pour « les négociants et les banquiers de chaque pays, « à vendre l'argent qui leur est dû dans différentes « villes de leur pays et des pays étrangers aux per- « sonnes qui leur en payent la valeur, auxquelles ils « donnent une lettre adressée à leurs débiteurs ou « correspondants dans ces villes, prescrivant à « ceux-ci de payer à l'ordre de ces mêmes personnes « les sommes à elles vendues ou cédées, et dont celui « qui délivre la lettre déclare avoir reçu la valeur.— « On considère dans ce commerce la valeur intrin- « sèque de l'argent que l'on vend, et celle de son in- « térêt, des frais et des risques de son transport, « parce que toute vente faite dans un lieu ayant pour « objet d'épargner à l'acheteur ou au vendeur les « frais ou les risques du transport de cet argent, « ainsi que la perte d'intérêt qui en résulte, l'un « des deux contractants exige toujours de l'autre un « bénéfice proportionné au besoin qu'il a d'éviter ce « transport. » Voilà qui est décisif. Le droit de change ne comprend pas seulement l'intérêt de l'argent, mais encore le prix des frais de transport épargnés ; il ne saurait donc être soumis aux dispositions res- trictives prises par la loi de 1807.

En dirons-nous autant de l'escompte et de la com- mission? Une certaine somme d'argent m'est due,

un banquier me l'avance moyennant le transfert du
billet souscrit par mon débiteur. Quelle rémunération
peut-il légalement exiger? l'opération n'est pas autre
chose qu'un prêt; il m'avance une somme, qui lui sera
rendue plus tard. Son droit se borne donc à retenir un
intérêt de 5 ou 6 p. 100, cet intérêt étant calculé non
d'après la somme portée sur le billet, mais d'après
celle que je touche réellement. Ceci semblerait à l'abri
de toute contestation. Telle n'est pas pourtant l'opinion de la jurisprudence. Voici comment elle rai-
sonne : le banquier qui escompte, dit-elle, ne fait
pas un prêt; il achète une créance. Or une créance
ne vaut pas de l'argent comptant, il en résulte qu'il
devra toujours une différence entre la somme
portée sur le billet et le prix payé. Pour fixer cette
différence, il est juste qu'on prenne en considération
le temps à courir, le crédit du souscripteur, la valeur
de sa signature sur la place et mille autres éléments.
—Cette argumentation, qu'on y prenne bien garde,
ne tend pas à établir une différence entre le prêt et
l'escompte : c'est tout simplement une critique de la
loi faite par les tribunaux, c'est une énormité. On
peut dire en effet et les économistes disent absolument
les mêmes choses du prêt, comme nous l'avons vu
précédemment.

Les banquiers vont plus loin, outre l'escompte
usuraire, ils exigent un droit de commission : C'est
encore une manière d'élever le taux. Pourtant la
cour de cassation approuve : « C'est un usage incon-
« testable dans le commerce, dit-elle. » D'accord, mais

si cet usage incontestable est illégal, il ne faut point
le souffrir. On allègue aussi que les banquiers sont
toujours obligés d'avoir de l'argent inactif dans leur
caisse, afin d'être à la disposition de leurs clients :
qu'importe? La loi n'a établi aucune exception en
leur faveur : elle l'aurait peut-être dû, mais elle ne
l'a point fait; et ce n'est pas aux juges de la corriger.

Il y a incontestablement usure dans ces opérations
de bourse, qu'on appelle reports, et sur le caractère
délictueux desquels la justice semble fermer les
yeux. « Le report, dit Proudhon, est un prêt sur
dépôt de titres; celui qui prête est le reporteur, celui
» qui emprunte le reporté; le prêt sur gage a été
» prévu par le Code et soumis à de certaines formalités
» d'actes et d'enregistrement; il doit se faire au
» taux légal, sous peine de répression comme l'usure.
» Qu'ont imaginé les boursiers? Le report est un
» contrat par lequel un capitaliste achète des va-
» leurs comptant et à bon marché, pour les revendre
» au même instant et à la même personne, chèrement
» et à crédit. — Le report est, quand un homme qui a
» besoin de 37,500 fr., vend au comptant 25 actions
» d'Orléans à 1,500 fr., qu'il rachète immédiatement
» 1,510 fr. pour la liquidation suivante. »

« Dans les reports, dit M. Deplanque, on voit
» fréquemment l'intérêt de la somme prêtée s'élever
» jusqu'à 10 p. 100 par quinze jours, la période de
» temps pour laquelle sont généralement consenties
» ces sortes de contrats. A ce taux, si les capitaux pou-
» vaient toujours être employés, on retirerait de son

» argent un petit revenu de plus de 250 p. 100 par an.
» Quoi qu'il en soit, il n'y a pas à la bourse d'opéra-
» tion qui vaille mieux que celle-là.

» Il y a tous les jours des pauvres diables d'imbé-
» ciles, qui se font condamner comme usuriers pour
» avoir bêtement baillé leur argent à 12 ou 15 p. 100
» l'an, contre-lettres de change ou engagements
» aussi sérieux, à quelques fils de famille, qui se
» gardent bien de le leur rendre, préférant les faire
» condamner au nom de la morale publique. Mais on
» ne risque pas d'être taxé d'usure pour prêter en
» report à 25,50 et 100 p. 100 par an. A bon enten-
» deur, salut. » Cet exposé, présenté par des hommes
aussi compétents sur la matière, nous dispense d'a-
jouter la moindre réflexion.

Une autre manière de pratiquer l'usure consiste à
exiger du prêteur, outre les intérêts légaux, le don
de telle ou telle chose : c'est la fraude déguisée sous
forme de donation. Le procédé est très souvent employé et fort en grand. M. Cassal, député du Haut-
Rhin, disait au Corps législatif en 1850 : « L'usure ne
» procède plus de cette façon : je vous prête cent francs
» moyennant dix francs. Jamais rien de semblable
» n'est écrit. On fait un billet de 100 fr. et l'on
» n'en donne que 90. On a soin de le faire hors de
» la présence de témoins, et alors vous avez la dis-
» position de l'art. 1322 du Code civil, qui établit
» une présomption en faveur du créancier qui a un
» écrit. Dans ce cas, il est déjà très-difficile de
» prouver l'usure. Plus souvent on voit des ventes à

» réméré, Une propriété est achetée, moyennant
» 100 fr., et on n'en donne que quatre-vingt-dix ; et,
» quand le débiteur veut ravoir son immeuble, il
» est bien obligé de rembourser la somme stipulée,
» comme prix, dans le contrat. Heureux encore si
» l'on consent à lui rendre sa propriété. Dans ce cas
» encore, les conditions de l'art. 1325 du Code sont
» ouvertement remplies. Vous n'avez pas de témoins,
» il est impossible de prouver l'usure.

» Lorsqu'un de ces hommes prête à 5 p. 100 sur
» simple billet, il y a beaucoup à se méfier : le prê-
» teur a de mauvais desseins. Lorsque l'échéance ar-
» rive, l'emprunteur pourrait payer, on lui promet
» d'attendre. Vient le moment où l'on sait que le
» cultivateur n'a pas d'argent : on devient pressant,
» on poursuit, on traque le débiteur, et finalement
» on force le malheureux à payer ce qu'on appelle
» des intérêts de patience. On prend ce que le culti-
» vateur peut donner : 50 fr., une paire de sabots, une
» miche de pain par semaine. Mais tout cela, c'est
» l'a b c de l'usure.

» L'usurier ne stipule que rarement en son nom
» personnel. L'emprunteur quelquefois ne le connaît
» pas ; il a affaire à un intermédiaire, à une espèce de
» courtier, qui ordinairement n'a rien à perdre, pas
» même l'honneur, qui perçoit ainsi un droit de
» courtage, et augmente le taux de l'usure.

» Le fin du métier consiste à faire un trafic quel-
» conque : dans les premiers temps, le commerce des
» bestiaux, plus tard celui des immeubles. Voici alors

» ce qui se pratique : tantôt on prête une somme,
» toujours par un intermédiaire, sur simple billet,
» ou sur une obligation notariée, et, d'un autre côté,
» on se fait vendre à vil prix un champ ou un autre
» immeuble. On a soin de s'arranger de manière
» à ce que la lésion des 7/12 ne soit pas atteinte.
» Ces hommes, qui exploitent ainsi nos campagnes,
» se sont divisé le territoire : chacun a son triage, sa
» portion à exploiter, et il est rare qu'un autre se
» permette d'y aller faire des affaires.

« D'autres fois, on force l'emprunteur, tout en lui
» donnant des fonds, à acheter très-cher un immeu-
» ble, ou un autre objet. — Qu'on parvienne à faire
» faire quelle dette à un homme, et rien ne peut plus
» le sauver : il est bientôt exproprié. » Ainsi ce n'est
pas la donation seulement, mais encore la vente à
réméré, la vente simple, le louage, l'échange,
qui peuvent être entachés d'usure. Nous en dirons
autant de l'antichrèse et du contrat de société.

Supposons que, dans une antichrèse, les revenus
de l'immeuble soient de beaucoup supérieurs aux
intérêts de la créance garantie : le contrat est usuraire.
L'art 20, § 9 porte, je le sais, que les intérêts de la
créance pourront se compenser avec les fruits de l'immeuble, mais il ajoute « que la convention relative à
» la compensation s'exécute comme toute autre qui
» n'est point prohibée par les lois. »

Une personne verse une somme d'argent entre les
mains d'une autre personne pour prendre une part
proportionnelle à cet apport dans les bénéfices d'une

certaine affaire. Si l'opération est en réalité ce qu'elle paraît être, quels que soient les bénéfices produits par les sommes versées, ils sont légitimement acquis à l'associé; mais il se peut qu'il n'y ait là qu'un prêt usuraire. Il y aura même présomption de prêt, si les prétendus bénéfices ne varient pas dans leur chiffre.

On conçoit combien des fraudes si adroites sont difficiles à découvrir dans la pratique. Dans chaque cause particulière, les juges devront se décider, d'après les circonstances.

III

Résumons le paragraphe qui précède.

L'industrie est parvenue à un degré de développement tel, qu'il est très-facile de prêter aujourd'hui son argent pour le rendre productif. La loi devait donc supposer que tout prêteur, quand il remet ses fonds à un particulier, s'impose un sacrifice et mérite une indemnité : c'est pourquoi elle permet toujours de prêter à intérêt. Mais ce n'est pas à dire que l'usure soit devenue impossible : elle peut encore se produire par l'exagération du taux; et comme c'est toujours un grand danger social, il fallait y porter remède. De là les restrictions mises aux stipulations d'intérêts par la loi de 1807. — Rien donc jusqu'ici, dans notre droit, qui ne soit en parfaite harmonie avec les principes exposés au premier chapitre de cette seconde partie. Mais le taux est différent en matière commerciale et en matière civile : nous avons dit que cette distinction nous semblait tout à fait contraire aux principes , nous avons blâmé aussi l'indulgence que la pratique accorde à certaines opérations usuraires, et montré que le législateur n'avait aucune raison sérieuse pour ne pas traiter de la même manière l'argent monnayé et les autres choses fongibles ; ce ne sont là que critiques de détail. Les économistes vont plus loin : ils soutiennent que la loi de 1807 est radicalement mauvaise, et sollicitent le pouvoir législatif de l'abroger. Nous croyons qu'ils sont dans l'erreur, et nous devons les combattre, parce que leur autorité est fort grande, leurs livres très-répandus. Nous allons examiner les arguments qui servent de base à leur système : nous laisserons de côté les raisons plus générales déjà réfutées, pour nous en tenir à celles qui sont tirées de l'état où se trouve actuellement la société.

1° Limiter le taux de l'intérêt, c'est aggraver le mal loin de détruire l'usure. En effet, dit-on, il est bien difficile d'atteindre les usuriers : ils en sont venus à un tel point d'habileté, comme le prouve l'examen des procédés employés aujourd'hui par eux, qu'ils ne subissent pas neuf fois sur dix les peines de leur délit. La loi ne les décourage ni ne les intimide : son seul résultat est de les obliger à plus de précautions, de leur donner plus de peine, de leur faire courir quelques risques. Tout cela est payé par les emprunteurs, et l'usure en devient plus oppressive. La loi de 1807 agit pour corrompre.

A cette argumentation j'opposerai la suivante :

« Loin d'empêcher le vol, c'est aggraver le mal
» que de punir les larrons. En effet il est bien difficile
» aujourd'hui d'atteindre les voleurs : ils en sont
» venus à un tel point d'habileté, comme le prouve
» l'examen des procédés employés aujourd'hui par
» eux, qu'ils ne subissent pas neuf fois sur dix les
» peines de leurs délits. La loi ne les décourage ni ne
» les intimide : son seul résultat est de les obliger à
» plus de précautions, de leur donner plus de peines, de
» leur faire courir des risques. Tout cela est payé par
» les volés. S'il n'y avait pas de lois, le voleur ne
» déroberait chaque fois que modérément, assuré de
» pouvoir recommencer quand il le voudra ; mais
» parce qu'il est menacé et ignore ce qui lui sera
» possible demain, il prendra beaucoup. Le Code
» pénal agit pour corrompre. » Si je m'avisais de
raisonner sérieusement ainsi, on se moquerait certainement de moi, et l'on aurait raison. Mais en
quoi suis-je plus dans le faux que mes adversaires ?
Tout ce qu'ils disent de l'usure peut s'appliquer tout
aussi rigoureusement au vol.

2° La puissance productive des capitaux varie tellement d'un jour à l'autre, en notre siècle, qu'il est
impossible d'assigner un taux maximum ; et l'on est
presque tenté de rire quand on songe que l'intérêt
légal est demeuré invariable depuis la loi de 1807.

La puissance productive des capitaux est-elle vraiment aussi muable qu'on veut bien le dire ? Depuis
1807 l'industrie a fait de grands progrès, c'est in-

contestable; mais le rapport du travail au capital s'est-il sensiblement modifié? Je ne sais pas, et il serait bon de ne pas se borner à des assertions gratuites. Mais j'admets que de grands changements aient eu lieu : dans quel sens se sont-ils produits? Si j'en crois Adam Smith et Bastiat, l'intérêt diminue avec le progrès : en admettant cette opinion assez accréditée parmi les économistes, on ne voit pas qu'il y ait de raisons plausibles pour élever le taux.

3° La puissance productive des capitaux varie avec son mode d'emploi, il est donc impossible de fixer un taux général à une époque où l'on voit tant d'industries différentes.

J'avoue que certaines entreprises rendent les fonds beaucoup plus féconds qu'ils ne le seraient dans la généralité des autres; et que la loi impose parfois un sacrifice aux particuliers. Mais qu'y faire? Si l'on nous proposait un moyen de réprimer l'usure qui n'offrît pas même cet inconvénient, nous l'accepterions volontiers. Par quoi remplacer la loi de 1807? Par la liberté absolue, c'est-à-dire par le droit pour le riche d'opprimer le pauvre. Eh bien ! non, nous n'en voulons pas.

POSITIONS

—

DROIT ROMAIN.

I.   Avant le rescrit d'Antonin le Pieux, le mineur qui a reçu de l'argent en prêt *sine tutoris auctoritate* est tenu d'une obligation naturelle, même s'il n'a éprouvé aucun enrichissement.

II.   Il n'est jamais dû d'intérêts moratoires en matière de *mutuum*.

III.   Le pacte ajouté *in continenti* à une stipulation ne produira pas l'action du contrat s'il est *ad augendam obligationem*.

IV.   L'*Unciarium fœnus*, dont parle la loi des XII Tables, est l'intérêt à 10 p. 100 par douze mois.

—

DROIT CIVIL FRANÇAIS.

I.   Si un prêt a été fait avant la loi de 1807, les intérêts continueront, après cette loi, à être payés au taux stipulé, quand même ils excéderaient 5 ou 6 p. 100.

II. Les intérêts moratoires des sommes prêtées avant la loi de 1807, et échus depuis cette loi, ne peuvent dépasser 5 ou 6 0/0.

III. L'action en répétition des intérêts usuraires indûment payés se prescrit par trente ans, à compter du payement.

IV. Les héritiers du donateur ne peuvent pas opposer le défaut de transcription.

V. Le donataire avec charges peut être contraint à l'exécution des charges.

DROIT PÉNAL.

I. L'homicide commis avec le consentement de la victime est un meurtre.

II. Lorsqu'il résulte directement ou indirectement du verdict rendu par le jury que le prévenu acquitté n'est pas l'auteur du crime dont on l'a accusé, la Cour ne peut pas accorder des dommages-intérêts à la partie civile.

DROIT DES GENS.

I.   L'agent diplomatique peut renoncer au privilége de l'exception de juridiction en matière civile.

II.   L'État qui laisse fournir à l'un des belligérants les matériaux désignés sous le nom de munitions navales, ne viole pas la neutralité.

HISTOIRE DU DROIT.

I.   Les fiefs ont leur origine dans les bénéfices de l'époque franque.

II.   La pragmatique sanction attribuée à saint Louis, est une pièce fausse.

Vu par l'Inspecteur général délégué,

GIRAUD.

Vu par le Président de la thèse,

A. CHAMBELLAN.

Permis d'imprimer.
Le Vice-Recteur,

A. MOURIER.

Paris. — Imprimerie de E. DONNAUD, rue Cassette, 9.

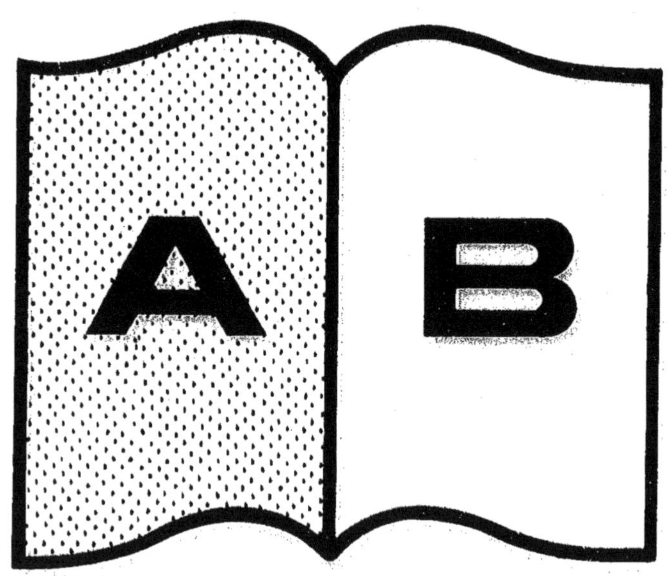

Contraste insuffisant

NF Z 43-120-14

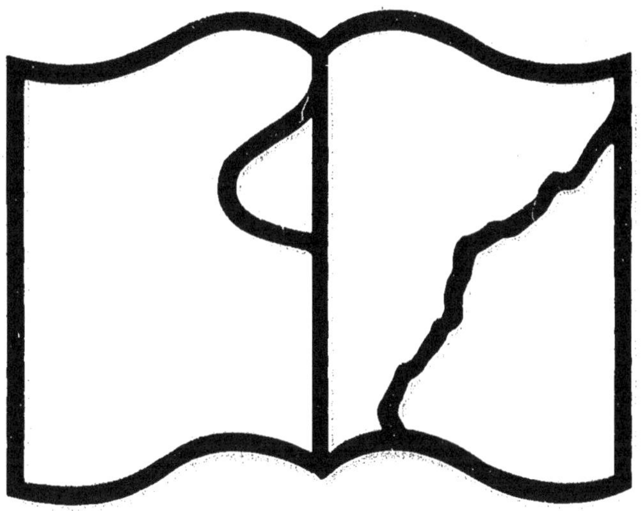

Texte détérioré — reliure défectueuse

NF Z 43-120-11

www.ingramcontent.com/pod-product-compliance
Ingram Content Group UK Ltd.
Pitfield, Milton Keynes, MK11 3LW, UK
UKHW020834120726
13693UKWH00002B/657